高校思政课教学方法与实践探索

宋　阳◎著

新华出版社

图书在版编目（CIP）数据

高校思政课教学方法与实践探索 / 宋阳著. -- 北京：
新华出版社，2024.3

ISBN 978-7-5166-7336-2

Ⅰ.①高… Ⅱ.①宋… Ⅲ.①高等学校－思想政治教
育－教学研究－中国 Ⅳ.①G641

中国国家版本馆 CIP 数据核字(2024)第 058899 号

高校思政课教学方法与实践探索

作　　者：宋　阳

责任编辑：张云杰　　　　　　　　　　封面设计：白白古拉其

出版发行：新华出版社

地　　址：北京石景山区京原路 8 号　　　　邮　　编：100040

网　　址：http://www.xinhuapub.com

经　　销：新华书店、新华出版社天猫旗舰店、京东旗舰店及各大网店

购书热线：010-63077122　　　　　　中国新闻书店购书热线：010-63072012

印　　刷：北京四海锦诚印刷技术有限公司

成品尺寸：185mm×260mm

印　　张：10.75　　　　　　　　　　字　　数：222 千字

版　　次：2024 年 3 月第一版　　　　印　　次：2024 年 3 月第一次印刷

书　　号：ISBN 978-7-5166-7336-2

定　　价：58.00 元

前　言

在这个充满活力和变革的时代，高校思想政治教育不仅是一门课程，更是培养学生综合素质和社会责任感的重要途径。作为一门融合了思想理论、文化传承和价值观引领的学科，高校思政课早已超越了课堂的范畴，成为培养人才、传承文化和推动社会进步的重要力量。在这个信息传播高速发展的时代，高校思政课的教学亟须更多系统性、科学性的方法。无论是理论传授还是价值引导，都应该为学生提供更优质的学习体验和成长机遇。高校思政课不仅塑造了学生的思想观念，更培养了他们的人格魅力和社会担当。在这个充满挑战和机遇并存的时代，高校思政课应当超越教育本身，传递积极价值观，培养积极向上的人生态度。

基于此，本书以《高校思政课教学方法与实践探索》为题，旨在深入探讨高校思政课的教学方法与实践。第一，从高校思政教育概论出发，深入探讨了高校思政教育方法的科学发展；第二，探讨了高校思政课教学体系与育人方法；第三，深入研究网络传播环境下，高校思政课教学实践；第四，讨论了优秀传统文化启迪，高校思政课教学实践；第五，从构建课程思政的角度，探究高校思政课教学实践的深入发展。

本书旨在探索和推动高校思政课的教学方法与实践，为广大思政教师、教育工作者提供一份综合性的参考指南。本书不仅关注思政课的教学策略与方法，更将其置于更广阔的背景之下，探讨其与学生素质养成、社会担当间的紧密联系。

笔者在本书的写作过程中，得到了许多专家学者的帮助和指导，在此表示诚挚的谢意。由于笔者水平有限，加之时间仓促，书中所涉及的内容难免有疏漏之处，希望各位读者多提宝贵意见，以便笔者进一步修改，使之更加完善。

目　录

第一章　高校思政教育概论

第一节　高校思政教育的基本理念

理念，通常指主体根据自己对事物本质和发展趋势的理解和判断，根据自己对社会发展需要和个体本性的体验，经过长期过滤、积淀和检验而固定下来的思想观念。这种思想观念既是一种高度理性化的观念，也是一种高度价值性的观念。科学的理念既是对事物发展的本质联系和趋势规律性的正确揭示，也是对人类、集体和个体发展需要的正确反映，还应当是合规律性和合目的性的统一。

思政教育理念既应当反映学生群体存在和发展的本质要求，也应当反映思政教育的本质属性和发展要求；既应当反映学生群体发展和进步的本质需求，又应当反映学生个体发展和完善的必然趋势。

一、高校思政教育中的全面发展理念

全面发展即人的全面发展，指人的体力和智力的充分发展，又指人在德智体美劳各方面和谐的发展。教育是造就人的全面发展的重要方法，在思政教育中，必须用全面发展的理念教育学生。在思政教育工作中，必须以学生全面发展为目标。学生是民族的希望、祖国的未来，是国家的建设者和接班人。因而，必须使学生健康成长，使其思想道德素质、科学文化素质和身体健康素质等方面都得到提升。

第一，思政教育应服务服从于学生的全面发展。思想政治素质的提高为学生成长成才提供强大精神支撑。学生的全面成长成才要以人为本，把思政教育与学生成长成才需要结合起来，引导学生坚持学习科学文化与加强思想政治修养的统一、学习书本知识与投身社会实践的统一、实现自身价值与服务祖国人民的统一、树立远大理想与进行艰苦奋斗的统一，为振兴中华做出更大贡献。

第二，思政教育应以学生全面发展为出发点和落脚点。思政教育应根据社会和学生思想变化的实际，不断总结，不断扩展新视野，做出新概括，丰富思政理论教育，以多渠

道、多方式促进学生全面发展。在思政教育中无论是加强文化、网络、科技、伦理等领域建设，还是为学生提供多样的社会实践活动，还是拓宽校园文化建设领域等，其出发点和落脚点都是为了学生能够全面发展，成为社会主义事业的合格建设者和可靠接班人。

第三，思政教育应服务于学生的健康成长。思政教育要以促进学生成长成才为目标，积极创造条件，为学生成长成才服务。在做好学生成长成才教育的过程中，还应关注心理健康，加强学生心理健康教育，使其健康成长。

第四，思政教育应有助于学生人力资源的开发。随着社会的进步和发展，特别是随着知识经济的到来，科技、文化功能的强化，社会发展越来越依靠人的素质的全面提高，社会将越来越重视人力资源的开发。我国现代化建设的进程，在很大程度上取决于国民素质的提高和人才资源的开发。要实现这一任务，必须注重人的非智力资源的开发，特别是注重科学管理和思政教育等手段。人力资源开发，从根本上讲，就是要制定一系列政策措施，极大地调动人的积极性、主动性、能动性，解放人的思想，激发人的创造性，充分挖掘人的潜能，从而全面实现人的价值，使人获得真正的全面发展。

第五，思政教育应解决学生遇到的实际问题。随着社会的快速发展，许多现实问题应运而生，学生同样面临许多现实问题，如高学费造成的贫困问题、网络多元文化造成的价值观多元问题及就业难等问题。这就要求思政教育工作者切实了解学生遇到的实际困难，与他们谈心、沟通，了解他们的心理状态，为其提供帮助。除此之外，学校和社会也应为学生提供更多的实际帮助以解决学生面临的问题。

二、高校思政教育中的和谐发展理念

思政教育过程中应适应现代社会的发展，以和谐发展理念为指导，使学生在人际交往、环境营造、管理机制和理念、文化和谐的氛围中接受思政教育。

（一）人际交往的和谐

人是社会的人，人类离不开相互之间的交往。随着网络的快速发展，学生普遍成为网络原住民，但是人是现实中的人，人不能仅生活在虚拟世界中，因而现实中的人际交往仍然很重要。学生的主要精力是学习，大部分时间在校园里度过，他们对人际交往的关注较少，交往的范围也比较狭窄。这并不利于学生自身的成长，应加以改变。学生实现人际交往和谐的具体做法有以下四点：

第一，进行内在调整，要先从自我开始，重新认识自我、尊重自我、接受自我，正视和包容自己的缺陷和不足。

第二，待人要诚恳真切，没有人愿意和一个虚情假意的人进行心与心的沟通。

第三，有一颗开放的心，不仅要学会排解自己所遭遇的麻烦，也要培养对自然与社会的好奇心和热情。

第四，努力提升自我，在人际交往中不仅能散发气息感染人，也不至于迷失自我。同时，社会或学校也应对人际交往方面有困难的同学予以帮助，尊重他们、鼓励他们，使他们在人际交往方面达到和谐状态。

（二）营造和谐的环境

在思政教育中，营造和谐的环境具有重要意义。这种环境在培养学生的政治认知、实践能力，问题分析与解决能力，以及提升学生的思想政治素质中扮演着关键角色。在思政教育体系中，营造和谐的环境不可或缺，它是各要素协调、平衡、互为作用的重要组成部分。

构建思政教育的和谐环境需要从多方面着手，首先，需要革新思政教育工作的理念和体系，优化管理体制，更新教育内容，以及改进传统的教育方法。其次，学校还应注重内部硬件和软件建设，完善教学管理，以确保各构成要素之间存在内在联系，并使之协调运作。这种和谐环境应该被普遍认可，并成为人们自觉选择的评判标准和行为准则。只有在这样的环境下，思政教育才能充分发挥其育人功能，培养出更加全面发展、具备优秀思想政治素质的新一代公民。营造和谐的思政教育环境应从以下五方面入手：

第一，加强思政教育工作队伍建设。这是营造思想教育和谐环境的前提。加强和改进思政教育是社会主义学校固有属性的必然要求，在任何情况下都应予以坚决维护。思政教育旨在培养学生成为德智体美劳全面发展的社会主义建设者和接班人，其地位应当得到持久保障。思政教育工作承载着塑造个体品德的责任，具有示范和引领的功能。优秀的思政教育工作者形象能够有效增强工作的说服力、凝聚力和感召力。因此，从事思政教育的队伍必须由素质高、思想觉悟高、工作作风坚定且具备合理知识结构和丰富实践经验的杰出人才构成。在构建思政教育队伍时，应秉持着"精干高效"的原则。为适应新时代的思政教育工作，应建立一支高素质的专兼职教师队伍。这支队伍需具备与时俱进的认知，能够紧密结合当下的社会情况，为学生提供更有针对性的教育。

第二，提高思政教育工作队伍的整体能力和素质。思政教育工作者要有驾驭思政教育工作的能力，使学生感到工作是实在的、可信的、真诚的。亲其师才能信其道，这就要求思政教育工作者树立起虚心好学的形象，树立起奋斗者与奉献者的形象；树立起勇于创新的开拓者形象；树立起实事求是的务实者形象。

第三，实现多种教育教学方式的和谐。为了切实改进思政理论课的教育教学，必须贴近学生的实际，遵循教育教学规律和学生成长规律。在课堂中，高校应当积极倡导启发式、参与式和研究式的教学方法，采用通俗易懂的语言、生动的事例以及新颖活泼的形式，以活跃的氛围激发学生的思考，进而提升教学效果。为顺应时代的发展，教师的现代教育技术培训变得尤为关键。教师应充分利用学校资源的优势，运用多媒体、网络等现代传播手段，有效提升自己的思政教育教学方式。高校尤其需要重视网络论坛，充分发挥校园网作为积极正面信息传播的主要平台。同时，高校应建立一个思政教育网络平台，使其成为校园信息引导中心。为了达到这一目标，高校必须大力推动多媒体和网络技术的广泛应用。同时，高校应加强校园文化建设，充分利用第二课堂的作用，努力创造一个有利于学生全面成长和发展的和谐环境和氛围。

第四，实现理论与实践的和谐。学生在获取知识、能力和情操等方面扮演着主动角色。他们是否参与其中，成为评估思政教育效果的主要标志。学习不仅是学生认知结构的塑造、重塑和重组过程，还是积极意义构建的主体。因此，只有通过亲身参与思政教育实践活动，调动多种积极因素（包括现代信息技术的应用），才能激发学生的主动探索动机、塑造端正的探索态度，激发学生开拓精神，从而获取真正的知识。知识源于实践，虽然学生的学习主要涉及吸收人类已有的知识，但实践教学必须充分借助学生的直接经验，紧密结合日常生活、社会生产实际以及已有知识。在学习过程中，教师必须运用教具、学具、课件等，引导学生观察、操作、实验、探索，促使学生去实际行动、深入思考、积极练习、灵活运用、实践实验以及主动探索。知识是从人类实践经验中总结出来的，也是人类文明的结晶。学生在学习知识时，必须具备应用能力，能够举一反三，将知识融会贯通。这才算是自己真正的知识，具有稳固性和持久性。

第五，实现各种关系的和谐。思政教育是一个系统工程，它离不开全体师生的共同努力，要实现"全员育人、全过程育人、全方位育人"，学校党团组织和校园文化都应在课堂教学主渠道外发挥重要推动作用。

三、高校思政教育中的素质教育理念

素质教育的核心理念是基于受教育者身心发展和社会发展的需要，旨在全面提升所有学习者的基本素质。它致力于尊重每个受教育者的主体性和个性化发展，重视培养个体的创新能力，并为学习者终身学习奠定坚实的基础。这种教育特点在于其关注学习者的整体成长，致力于塑造具备创造力的个体，为其未来的学习之路提供持久的支持。

（一）素质教育特点

素质教育作为一种价值教育，旨在实现个体的全面发展。其特点主要体现在以下方面：

第一，社会性。素质教育不可脱离社会的政治、经济和文化等要素，必须融入整个社会体系中进行。教育的目标要符合社会的需求，同时也要根据受教育者自身发展的特点来进行塑造。在社会主义社会中，素质教育应遵循社会主义教育方针，培养全面发展的社会主义建设者和接班人。

第二，全体性。素质教育的目标不是关注特定人群，而是面向整个民族，旨在提升整体素质水平。素质教育在全体学生中实施，体现了教育机会的公平性，也是全体公民素质提升的必然要求。素质教育并非专注于培养英才，而是鼓励每名学生在自身基础上充分发展，这既关注现实社会需求，也强调了未来社会和人类发展的要求。

第三，全面性。素质教育的目标不是片面发展，而是要实现个体的整体、全面发展。当前，我国素质教育主要强调德、智、体、美等方面的全面发展。

第四，个性化和主体性。现代社会呈现多样性，需要不同类型的人才。因此，素质教育强调培养个体的个性发展，并尊重主体性。个性发展是学生发展的核心，素质教育不仅追求普遍的、共同的发展，还根据学生的独特自然本质，鼓励并创造条件促进个性的发展，同时引导学生积极参与，激发其主动性和创造性。每名学生在学校中都受到平等的重视，学生的差异性得到尊重，在课程设置、教学方式、评价方法等方面都注重为学生的个性发展创造条件。

第五，具有创造性。社会的进步需要具备创新能力的人才。素质教育鼓励学生独立思考，培养其探索真理的志向，提高自主学习能力。它基于全面发展，通过各方面素质的相互促进来提高个体的综合素质，强调培养学生的"创新能力和实践能力"。尽管素质教育面向大众，力求提升每个个体的基本素质，但要求全体学生都具备创新精神和创新能力在实际操作中是困难的，因此创新教育被认为是更高层次的教育思想。

（二）思政素质教育

全面有效地实施素质教育的灵魂，主要在于对学生进行思政素质教育。必须全面贯彻党的教育方针，不断加强对学生的爱国主义和集体主义、社会主义思想教育。对学生进行思政素质教育，要努力做到以下方面：

1. 拓展素质教育内容

（1）加强社会主义和爱国主义教育，教育学生树立爱国主义、集体主义、社会主义思想，树立忠诚和热爱社会主义祖国的信念和行为品质。

（2）树立一切言论行动以合乎广大人民群众的利益为最高标准的思想观念。

（3）加强共产主义道德教育，教育学生树立共产主义理想和共产主义道德思想，提高共产主义觉悟。

（4）加强党的基本路线、国情教育。

（5）加强新时代思想理论教育，用科学理论武装学生头脑。

2. 探索素质培育方法

（1）把现代化教学手段引入思政理论课教学之中，教师不仅要在内容上突出党的指导思想，更要紧密联系新的改革实践，紧扣时代发展脉搏，而且在方式和手段上适应新技术革命引发的现代信息传播方式的深刻变革。

（2）改革考试方法，注重学生的日常表现。

（3）在专业课教学中也要渗透思政教育内容，与思政课同向同行、体现育人功能。

第二节　高校思政教育目标的设置

"思政教育是高校教育体系的重要组成部分"[①]，人们在思政教育之前会预估受教育者在未来的道德素质、思想、政治素养等，教育目标的设定前提在于开展思政教育想要获得的期望结果，即受教育者的收获以及感受是评判思政教育的教育效果、教育价值的标准。开展思政教育的最终目标是教育活动成果、教育质量以及数量。反之，教育成果、目标和数量作为一个标准，对于思政教育，也具有指导和调控作用，即利用这些结果及时调整教学方法、教学内容等。

一、高校思政教育目标设置的必要性

（一）符合社会协调发展的需要

人的本质就是社会关系的总和。一方面，抽象的人，即完全脱离生产力和生产关系的

[①] 亢必胜，郭朋朋，宋佳宝. 浅谈高校思政教育 [J]. 科教导刊-电子版（中旬），2017（10）：61.

人，在社会中是不存在的；另一方面，离开社会，人将无法发展。思政教育，是组成社会实践活动的重要成分之一，它的出现源于社会发展；同时，思政教育的开展与发展又可以反过来给社会实现进一步发展创造条件。各所学校在确定和调整思政教育目标时，需要考虑的是这一目标是否与社会发展协调，由于生产力在推动社会发展的进程中属于决定要素，思政教育工作者在确立教学目标时，一定要考虑该目标是否适应并满足社会生产力。这点也是中国共产党在各个时期设定中心任务、奋斗目标的考虑要素，也正因如此，中国共产党才能在磨炼中向着正确的方向不断前进。

各校在设定思政教育的教学目标时，坚持以实际为立足点，但又要在面对新的问题、新的挑战时勇于超越现实，勇于在探索中寻求更好的未来。也只有这样，思政教育在制定目标时会考虑科学性、实效性，才能对教学具有建设性意义。

（二）符合教育整体性与层次性

在设定思想政治教学目标时，一方面，对于目标体系的协调性、整体性要给予重视，以此来满足人、社会和国家等在各方面的要求。例如，人对于世界观、人生观、价值观的需求；社会对于人文素养、基本道德、科学精神的要求；国家对于爱国精神、民族精神的要求。另一方面，对于目标体系的层次性也要给予重视，给学生设定一个难度逐渐加深的目标体系，引导学生在完成既定目标的同时实现个人的成长，坚定他们的共产主义理想和信念。

（三）符合学生自身发展的需要

思政教育是一种对于培养和塑造学生具有重要作用的教学活动，只有那些可以迎合学生需求的思想政治教学目标，才能真正促进学生实现和谐发展。一旦在设定教学目标时不重视分析学生的特点以及需求，思政教育在此时就容易失去其最宝贵的特质实效性，难以在生活中践行。在设定目标时，一方面需要考虑现实社会情况；另一方面还需要考虑学生作为一个主体自身的需求。只有这样，思政教育才能对学生在现实生活的实践具有指导性意义。

思政教育目标的设定一定要以学生这一群体的利益为出发点，以满足这一群体的合理需求为立足点，即根据他们的工作、学习以及生活设定合理的目标。只有如此，他们才能在实践中真正地按照思政教育的目标，有意识地在实际行动中将自身的集体利益、公共利益作为自身的思想观点，进而做到社会和个人之间的辩证统一。

二、高校思政教育目标的具体体现

(一) 培养合格的社会主义建设者

1. 社会责任感

作为社会主义建设者的必备素质，社会责任感揭示了个体与社会之间的关系，是指社会主义建设者所承担起的地域发展的社会使命、社会职责和社会义务，整体的共同利益是其价值取向。作为一种道德情感，社会责任感究其本质是指社会主义建设者在面对国家、集体以及他人时所应承担的责任。社会与个人之间的关系密切相关：一方面，作为一个综合概念，社会将存在一定联系的人们联系在一起；另一方面，人也脱离不了社会，事实上完全纯粹的、独立的、抽象的个人也不可能真实存在。社会是人的社会，人是社会的人，是各种社会关系的总和。

个人要想获得生存，就必须对社会负责、对他人负责，只考虑自身欲望是难以实现生存这一目标的。作为社会发展的重要人才，大学生这一群体在不远的未来会在国家和社会的建设中逐渐担任起重要角色。大学生所必须具备的社会责任感是时代与历史赋予他们的，这也是历史和时代对于他们的考验。

教育大学生树立强烈的社会责任感就成了思政教育的重点，社会责任感不仅可以帮助大学生满足自我成才成长的需求，还是社会主义合格建设者的必备素质，属于促进社会、国家实现进一步发展的重要推动力。

在实际的教学中，解决这一问题的方法主要有五方面：①在个人、集体、国家三者之间的关系上，思政教育工作者一定要有意识地引导学生将三者之间的关系处理好，让他们树立起正确价值观念，坚持将国家、民族前途和命运放在首要位置，有机实现个人和国家的统一发展；②教育工作者一定要重视对于学生奉献精神的教育，引导他们在面对利益冲突时能够以大局为重，即将集体利益作为首要选择；③思政教育工作者引导学生在学习的过程中树立起集体主义的观念，有意识地根据社会需求调整自己的行为和态度，使自己的行为方式更加贴合社会需求，以便集体的力量更容易被发挥出来，进而在事业上获得成功；④教育工作者一定要培养学生勤奋好学、爱岗敬业的精神；⑤教育工作者还要注意培养学生在诚信、团结方面的品德，教育学生公平公正、诚信友善、热爱集体。

教育工作者还要在认知层面，引导大学生对于社会责任进行深入了解：①强化学生的主人翁意识，知晓自身的权利以及义务，并能够正确看待并处理权利和义务之间的关系；②教育工作者要注意强化学生对于责任、义务与权利之间的理解，引导他们理解责任从某种程度上等同于义务，引导他们在遵守原则的前提下自觉享受权利、自觉遵守义务；③教育工作者要引导学生树立国家利益观，强化国家意识，进而实现在国家利益受到威胁时他们能够自觉维护；④教育工作者在日常的教学过程中要协助学生对民主与法治这两者之间的关系进行深入理解，以便增强学生的民主法治思想，在日常的生活中能够做到知法、守法、用法，学会用法律手段维护自己的合法利益，尊重他人对于事物的表达权；⑤教育工作者要强化学生在教学过程中的参与感，引导他们以强烈的社会责任感来主动投入社会的建设中。

在历史使命这一层面，教育工作者需要借助自身工作的便利引导大学生认知到自己的社会责任，这既是社会赋予他们的责任，也是时代赋予他们的使命，大学生是否具有社会责任感将直接对国家和民族的兴衰产生影响。

2. 创新性思维

一个合格的社会主义建设者必备的能力之一，就是要有创新思维、创新精神、创新能力，这同时也是知识经济时代人才必备能力之一。

目前，我国已经进入转型时期，在这一时期，科技创新不断涌现。科技方面的优势关乎着国家发展的主动权，而科技拥有优势的关键就在于创新、在于人才的素质，高校作为培养人才的基地，是整个国家创新人才的中坚力量。对国家而言，社会主义事业的实现关键就在于创新能力的强弱；对大学生个人而言，创新是学生实现成才的必要条件。因此，对当代大学生而言，是否具备创新思维、创新能力、创新意识是判断未来社会主义事业的建设者是否合格的标准之一，创新对于大学生成为合格的社会主义建设者具有十分重要的作用。

（1）在想象力方面，帮助学生摆脱现实桎梏。拥有丰富的想象力，能够在即便是没有任何描述的情况下都可以在脑海中独立地创造出新形象，并能将思考的触角指向未来。想象是头脑在现有图像的基础上进行再创作的能力，在创新过程中，想象力贯穿于创新过程的始终，体现了创新的最高能力。在培养学生想象力的过程中，教师应通过尊重学生个性，丰富其生活经历，来激发、鼓励学生发展并剖析自身的想象力。

（2）在创新思维方面，教师应要想发展想象力，就需要转变思维模式，摆脱思维惯性，加强思维模式的创新，以此来增强想象力，进而拥有更加多元的创新思维模式，如形象思维、联想思维、灵感思维、模糊思维、回溯思维、逆向思维、发散思维、聚焦思维、相似剩余思维等科学创新思维方式。

（3）在创新实践方面，鼓励学生在实践中大胆进行创新，以便培养学生的实践能力以及学生的创新思维能力；倡导学生坚持实践，重视培养学生对于专业知识的学习兴趣，鼓励其通过课外调研活动来进一步扩大自己的知识面，促进自我创新意识的开发与培养。

（4）在人格素质方面，创新意识的培养，需要学生拥有创新精神，要有敢于思考、敢于动手、敢于想象、敢于创新、敢于标新立异的勇气。此外，还要有明确的目标、坚定的意志以及正确面对创新过程中困难的态度。

（二）促进学生实现个体全面发展

思想政治在教育目标和教育内涵的具体体现是德、智、体、美的全面发展，即通过德育、智育、体育、美育，促使学生实现全面发展。

1. 德育

德就是道德、品德，属于学生实现全面发展的重要组成之一，要想培养学生拥有"德"，就需要教育工作者在开展思政教育时能够依据社会要求有目的、有计划、有步骤地组织学生积极主动地对于事物展开认识并在实践中验证，也只有这样学生才能形成满足社会要求的道德品质。优良的品质符合社会要求，与社会的发展方向基本一致。优良的品质也是学生自身身心得到发展的保证，以及推动学生不断发展自身智力、体形、心理承受力的保证。德的作用具体如下：

（1）在思想政治方面，对学生展开德育：①可以激发他们的爱国情怀，树立其民族自尊与自信，培养他们自觉维护国家荣誉和民族团结的意识；②可以树立一种全心全意的服务思想，坚持为人民服务；③支持党的领导，坚持走中国特色社会主义道路这一基本领导路线，坚持将实现中华民族伟大复兴、实现中国梦作为共同理想；④树立起正确的世界观，形成自己的方法论，认识国家的政治、经济和文化，揭示人类的发展规律；⑤形成法治观念，坚持做到遵纪守法，在法律允许的范畴内除了享受权利之外，还要自觉履行义务。

（2）在道德素质和文明习惯方面，对学生展开德育，可以帮助学生深入理解个人与他人、集体与社会、国家与民族之间的关系，培养学生强烈的集体意识、责任意识。面对社会，他们遵纪守法、热爱劳动，能坚持诚实守信、勤劳谦虚、乐于助人、尊重他人、礼貌待人、抵制不良的社会风气，同时也能严格遵守学校规章制度。

（3）在个性品质和能力方面，对学生展开德育，可以帮助在探索精神、学习精神、辨别精神和创新精神的指导下，发展出开拓进取、平等竞争、团结协作等与社会发展相适应的理念，拥有分析社会现象、判断事物性质以及处理社会问题的能力。在生活中，那些意志坚定且品德优良的人通常都会做到自律、自强，且看待事物总是抱有积极、健康的心态。在他们的内心深处，拥有极强的成就感和荣誉感，强大的心理承受能力使学生在面对困难和失败时能够很快适应。

2. 智育

作为实现学生全面发展的基础，智即智力和才智，是指教育工作者向学生传授文化知识和技能，且这种传授方法是有目的、有计划、有组织的。在社会实践中，没有智慧的支持学生难以完成实践任务。在生活中，人们将智慧看作判断学生能够符合国家有用人才标准的准则之一，具体体现在以下方面：

（1）在系统科学知识方面，一个能够满足社会需求的学生势必会有合理的知识结构，一方面，他们有深厚的专业知识储备量；另一方面，他们还有广博的知识面来为专业知识做补充，如人文社会科学知识、自然科学知识和专业知识。人文社会科学知识涵盖哲学、经济学、政治学、法学、文艺学、伦理学等学科的理论与方法，属于一个总称；自然科学知识涵盖了与自然界物质形态有关的结构、性质、规律等，是在总结自然科学知识以及与自然进行斗争的经验基础之上而形成的；专业知识具有相对稳定性，指那些从事某些专业所必需的理论和知识。学生应该坚持努力、不断拓展知识领域，提高人文素质和科学素质，深入掌握专业的理论基础和应用技能。

（2）在基本技能和技能方面，在日常智力活动和体育活动中，学生的活动要具备学习技能、操作技能、社会活动技能等从事本专业所需的基本技能、技巧，其中最重要的是帮助学生提高创新和实践能力。在当下，创新意识与创新能力是学生符合高素质人才标准的保证，也是学生可以赢得未来竞争的关键之处。作为重要素质之一，学生只有具备与思考能力相匹配的动手能力，才能在实践的过程中做到学以致用，进而将自己的能力发挥出来。

（3）在发展智力方面，使学生具有良好的观察能力、想象能力、形象思维能力、创造能力、自学能力和分析问题、解决问题的能力；拓宽视野，发挥学生的志趣和特长，具有实事求是、独立思考的科学态度和不断追求新知识的精神。

3. 体育

作为学生实现全面发展的基本组成部分，体即身体，是指教育工作者以身体练习为基本手段向学生传授的基本知识、技术和技能，并以此来进一步提升学生的身体素质。学生实现全面发展应以身体作为基础，智力变现也同样应以身体作为基础。学生的身体素质具有先天性与差异性，学生只有拥有了健康的体质，才有可能会实现全面发展，做到为人民服务。从某种角度来说，健康的体质还被人们看作中华民族旺盛生命力的显著表现，具体表现如下：

（1）在身体素质方面，为了确保学生可以拥有良好的身体素质，教育工作者应该有意识、有计划、有组织、有目的地引导学生通过各种方式方法实现身体机能的正常发展，以便更好地进行生产、生活活动。学生应具备基本的体育锻炼技能，如基本的体育锻炼方法、基本的体育锻炼技巧、基本的体育锻炼技能，使基本的体育锻炼技能成为自觉锻炼的习惯。

（2）在卫生习惯方面，学生一方面要对保健知识有丰富的储备量；另一方面要在日常生活中坚持良好的保健习惯、卫生习惯。

4. 美育

美作为一种审美观，是学生实现全面发展的必要组成部分，是指教育工作者借助审美教育，引导学生对来自生活中的各种艺术和美的事物展开学习，促使学生树立审美观，拥有对于美进行理解、欣赏、创造的能力。具体而言，欣赏美的能力体现在以下方面：

（1）在审美观方面，在辩证唯物主义文艺观的影响下，一步步提升精神境界，具有更高的审美比较分析能力，以助学生有想象力，能感受到现实美、艺术美和审美情趣，进而自主对真善美与假恶丑进行判断，最终能够形成更高层次的美感。

（2）在审美知识和审美能力方面，只有在对各种艺术的基本知识进行掌握的基础上，才真正对美具备正确理解和欣赏能力，自主对各种美的事物展开自己的分析与评价；反之，学生对于美的认知能力，也在丰富的艺术知识、强烈艺术兴趣的作用下，得到进一步丰富。

（3）在审美实践方面，不仅要有兴趣去欣赏美，还要有能力理解美，更要对美有创造的能力和兴趣，勇于借助各种艺术形式对美进行表达；有意识养成整洁、清洁、美化环境和生活的良好习惯，学会在学习中感知美、在生活中创造美；有意识形成健康的兴趣、爱好，学会利用美来观察生活、建设生活，做到心灵美、语言美、行为美，以便能够形成高尚的情操、健康的人格。

德作为思想基础，在学生实现自我全面发展的过程中起着重要的引导作用；作为为学生实现全面发展提供科学知识、智力基础的智，对于这一目的的实现起着至关重要的作用；良好的身体素质为学生未来实现全面发展奠定了坚实的物质基础，是学生实现全面发展的生理保证；美渗透到全面发展的各方面，对学生的无论是身体还是心理均起到重要的推动作用。思政教育的最终目的是通过对学生进行德育、智育、体育、美育，来将学生培养成一个德智体美劳全面发展的人，使他们成为能够满足社会需要的新时代人才。

三、高校思政教育目标设置的重要原则

（一）系统性原则

系统性原则又称整体性原则，具体在设定思政教学目标时，系统性原则将思政教学目标体系作为一个指导，引导学生在完成各个阶段目标的过程中逐步完成整体目标。符合这样标准的思政教学目标符合系统、完整、平衡等特征。所谓的系统实际上是指各个要素按照一定联系、方式、逻辑所组成的具有特定功能和结构的有机整体。作为一个综合性概念，从体系结构来看，目标通常按照一定的逻辑集合了多个子目标，思政教学目标也同样如此。在这些子目标中，它们又具有各自的规定性和特殊性，各个子目标相互联系、相互渗透形成一个完整的思政教育目标，通过将各自的特质发挥出来发挥出这一整体目标的作用。

目标具有预期性，它是人们对于在未来可能会产生结果的一种预判，教育目标也同样如此。在设定思政教育目标时，一定要注意考虑全面，面向全体学生，提出科学的思想政治体系，并以此为基础提出统一的目标，具体要求如下：

第一，在学生教育方面，社会、学校和家庭一定要对这点达成共识，以便能够形成良性机制，为人才实现全面发展营造一个好的氛围、创造一个好的条件。

第二，在设定目标时，教育者一定要注意考虑到出于受教育者自身的道德水平，在发展道德品质的过程中存在阶段性表现的现象。完成设定目标绝对不是一个一蹴而就的过程，需要耗费时间、精力。

（二）现实性原则

现实性原则的实质，是指导学校在实事求是这一思想路线的指引下依据实际情况、实际条件以及实际需求拟定思想政治教学目标。现实性原则从本质上与党的核心思想路线是一致的——坚持实事求是。"实事"实际上就是指一切客观存在着的事物，"是"是指事物之间存在的客观规律，"求"则指人们对于这种规律的探索与研究，即求知欲。依据现实开展思政教育活动是开展教育活动必走之路，在教育中，现实性在众多规律中具有不可超越性。

在实际教学中坚持现实性原则，来拟定教学目标是其必要之选，具体如下：

第一，坚持深入实际进行研究，将时代精神、特征体现在教学目标上，以培养具有开拓精神、创新精神的人才为目标。只有这样，才能让思政教育避免更多的主观性和盲目

性，具有更多的实效性，进而能够对思政教育具有更强的指导性意义。

第二，坚持将实践和理论联系起来，即坚持认识和实践统一、主观与客观统一。只有这样，学生的教学目标才能在设定上更加符合时代精神，能够激励学生即便是在困境中也能坚持奋斗、坚持努力。

第三，坚持与时俱进，用发展的眼光看待社会变化和学生思想的变化。换言之，由于时代和社会处在不断发展的状态，加之学生自身的思想也在不断变化，所以思政教育的设定目标也要根据现实条件及时做出调整。

（三）层次性原则

层次性原则，是指根据对象的思想状况、发展需要分别确定不同层次的思政教学目标。层次性原则在实际教学中具有科学性，其主要原因在于教学对象即学生自身的生存环境、接受能力、性格特征、道德品质、思想觉悟、理论水平以及受教设施存在不同，这一原则完全可以考虑个体与个体之间的差别，做到因材施教，将个人的能力发挥到极致。具体在思政教学中，除了上述因素之外，现实生活中，人们在思想上的状况也是重要的影响因素之一。在设定目标时，教师应对学生的思想现状给予关注，即一定要根据学生思想实际状况来确定思政教育目标。

在实际教学中，层次性原则具体要求如下：

第一，坚持从实际出发，根据学生的思想状况开展有针对性的工作。要想思政教育能够切实可行，唯一的途径就是在实践中了解学生在认知、思想以及身心方面的状况，并以此来设立符合不同层次学生人群的教学目标。

第二，坚持用整体视野，对不同层次的教学目标进行规划。在目标设定上，学校应该注意统一思想政治教学目标的先进性和现实性，让学生在学习的过程中实现全面发展。

第三，营造一个民主、和谐的环境，一个既能帮助学生实现全面发展又能帮助学生实现个性化发展的环境。

四、高校思政教育目标体系的构建探索

"培养社会所需要的人才是所有高校的教育目标，而做好对学生的思政教育工作是其中非常关键的一环。"① 想要开展思政教育，先要做的是搭建一个适合学生发展的思政教育目标体系，只有思政教育目标体系得以确定，才能为思政教育在未来展开教学工作指明

①杨婷. 以红色文化为引领，做好高校思政教育 [J]. 教育艺术，2023 (4)：8.

方向、确定内容、提供方法、搭建队伍等。教育目标不仅是开展思政教育的起点，也是开展思政教育的终点。

（一）思政教育目标体系的构建内容

教育目标涵盖了党、国家以及相关部门依据时代背景、历史人物而提出的问题，也包括了受教育者自身对于实现健康成长而提出的问题。思政教育目标体系具有统一性、复杂性、多样性以及层次性也是其所具有的特有表现。思政教育目标体系作为一个综合概念，需要在总目标的指引下，确立阶段目标，然后在这些小目标的引导下，一步步实现最终目标。在这个过程中，教育目标起着引导、鼓励、选择和评价的作用，可以直接检验该目标是否合理，以便能够及时做出调整。在设定思政教育的教学目标时，一定要注意根据当下时代对于人才的要求，结合本国学生的特质，科学合理地设定一个具有实效性的思政教育目标体系。

在系统论的影响下，思政教育建立起一个具有系统性、开放性的四维立体教育目标体系。在横向，该体系贯通渗透；在纵向，该目标体系以层级递进的形式将各个目标群有机地联系起来。

第一，横向思政教育目标群。在学生成长的过程中，横向思政教育目标群在思想、政治、道德、法纪以及心理五项要素目标共同作用的情况下形成。五项要素之间互相联系、互相渗透、互相制约。其中，政治要素目标就是根本，思想要素目标就是导向，道德要素目标就是核心，法纪要素目标就是保障，心理要素目标就是基础，同时也是上面四种要素目标提高的中介。

第二，纵向思政教育目标群。纵向思政教育目标群根据循序渐进的原则为不同年级的学生设定不同难度的教学目标。其中，低年级思政教育目标与高年级思政教育目标之间相互衔接、分层递进，低年级教育目标是高年级教育目标得以实现的基础，高年级教育目标是低年级教育目标实现后的发展目标。无论是低年级教育目标还是高年级教育目标，都是根据学生在不同学段而提出的，在学生的成长过程中一定会经历。

第三，思政教育目标体系的内部结构。认知、情感、意志、信念以及行为共同构成了思政教育目标体系的内部结构。无论是横向思政教育目标还是纵向思政教育目标都涵盖这五方面的目标。这个目标群之间并不孤立，而是一种有机的联系，彼此之间纵横交错但又有机统一，其中，信念的坚定与否决定行为是否自觉。行为目标和意志目标、信念目标之间存在重合处。

第四，思政教育目标体系的外部结构。政治、经济、文化、社会、环境等多种实际因素构成了思政教育目标体系的外部结构。在当下，面对瞬息万变的新形势，如何能够增强时代感、加强实效性、增强针对性成了思政教育目标体系的重点解决问题。只有能把握时代脉搏，根据现实社会及时做出调整的目标体系才能与时俱进，才能将指导作用、控制作用和调节作用发挥出来。对此，思政教育的实效性决定这一作用的发挥程度。

从本质上讲，思政教育是一种实践活动，阶级性和超越性是这一活动鲜明的两个特征。但是传统思政教育却对这一特征并不重视，所以对于思政教育目标体系的外部结构并不重视，导致在搭建思政教育目标体系时建立起的不是四维目标体系而是三维的。三维思政教育目标体系导致目标体系和社会脱离，成了一个孤立、封闭的目标体系，背离了实践。

（二）思政教育目标体系的构建意义

1. 编制思政教育课程的确定标准

通过对思政教育目标体系的积极搭建，来编制思政教育课程的确定标准。思政教育经过多年的理论和实践创新，无论是课程编制还是教学水平较之前都有了长足的进步。但是不可否认，思政教育上理念与实践之间的结合并不深入，对此，积极搭建目标体系可以很好弥补不足。

作为开展思政教育的主渠道，思政理论课（简称"思政课"），一方面，可以将最新的马克思主义中国化成果传达给学生；另一方面，可以将传授知识思想教育联系起来，将系统教学与专题教育联系起来，对于那些不合时宜的教学内容、教学方法和教学手段可以根据现实需要进行切实改革，从而让思政教育理论走向课堂、走向社会、走向未来。教师在教学过程中的投入度、严谨度也是影响课程能否发挥出思政教育功能的重要因素之一。

总而言之，思政教育一定要从各个环节全面渗透在学生的专业学习上，以此来加强思政教育、提高政治觉悟。

2. 指导改革思政教育内容与方法

通过对思政教育目标体系的积极搭建，来指导改革思政教育内容与方法。近年来，思政教育工作已经逐渐注意到传统教育模式的弊端，开始有意识地对教育内容、方法进行改革、调整，目的是想让思政教育能够更加契合学生的需求。尽管在这方面思政教育目标体系已经有了很大的调整，但这并不意味着已经完美，很容易就可以看到思政教育目标体系依然还有不足需要继续改正。搭建一个科学、有效的思政教育目标体系，不仅可以为思政教育工作的开展指明方向，还能促使思政教育工作的开展更加合理、更加完善，可以使思政教育具有更强的系统性和实效性。

3. 为思政教育评价管理提供标准

通过对思政教育目标体系的积极搭建，来为管理与评价思政教育提供标准。思政教育管理范围极其宽泛，不仅包括行为规范管理、学籍管理、社团组织管理、素质管理等学校方面的工作；而且还包括社会与教育方面的工作。思政教育目标体系具有极强的阶段性、实效性和可操作性等。一方面教师可以凭借短期目标对学生整体能力的各项素质做出合理评价；另一方面还可以为学生提供经过努力可以实现的目标，为学生的努力指明了方向。除此之外，还能为上级领导评价思政教育工作提供判断的标准。

第三节 高校思政教育的价值向度

一、高校思政教育的社会价值形态

通过传授教育内容，逐渐将社会文化、政治及经济建设等积极地构建起来，从而让思政教育获得客观存在的社会价值。社会主义和谐社会的构建与高校思政教育价值的实现有着辩证统一的关系，这与一些社会发展过程中出现的文化、经济和生态现象具有一致性。教育发生了作用，呈现出对社会方方面面的价值，因此这也是思政教育具有社会价值的形态体现。

(一) 经济价值

经济价值是通过思政教育活动创造的促进社会发展以及经济增长，从而满足人类的需求的效应。人类的需求可以分为精神需求和物质需求，这些都是能够通过思政教育的经济价值来满足的，将经济建设为思政教育的中心，要通过正确的理论指导，来保证社会主义的发展方向，并为经济建设提供动力。

1. 确保社会经济的发展方向

社会主义制度下的市场经济，是通过市场的机制和社会主义制度有机结合起来而形成的。市场作为资源配置的基础，能够结合市场机制的规范来坚持社会主义方向的发展。市场经济向社会主义方向发展对市场经济的本身构成有重要意义。社会主义应通过以下两点来加以确立：一是通过市场经济的构成得到保障的，这也是控制社会主义市场经济发展的根本依据；二是人们对社会主义市场经济的构成有一致的理解与认识，在相同的内在结构中，人们由于共同的认识而达成自觉地坚持社会主义市场经济的发展方向，而这离不开人们对思政教育方面的学习。只有充分保证这个优势，才能够对现行的社会经济体制做出正确的引导和宣传，让人们认识到经济制度在目前社会具有必然性和合理性，同时通过规范经济行为，让人们逐步地产生规范的意识。对正确的效率观念和竞争意识的教育，也能进一步地推动人们能够更积极地为经济建设做出努力。

2. 推动社会发展的精神动力

思政教育能推动社会的发展，能够成为社会发展的内在精神动力。作为社会的生产主体，人是生产的主力，人类通过生产力的发展，来征服自然和改造自然，这也是生产力发展至今的最主要动力。当代中国要将发展作为第一要务，通过保证科学技术的发展，来为我国的生产力提供持续发展的动力，提升科技进步和劳动者素质是我国当今社会生产力增长的最关键因素，这些根本因素也让经济的增长方式发生了改变，人才已经成为我国生产力发展上最重要的战略资源，也是我国生产力发展和进步的开拓者。这说明人才是促进生产力的重要因素，只有让人全面发展，成为先进的劳动者，才能够进一步发展和提升社会生产力。

劳动者的全面发展要具备两个基本素质：一是需要具备先进的劳动能力以及关于科学文化的基本素养；二是需要有积极的社会责任感和事业心，能够通过崇高的精神和积极的劳动来为社会生产提供动力。科学素养和劳动力是能够直接展现在劳动者身上的因素，劳动者本身具有的道德和思想政治素质，能通过直接和间接的作用反映到生产力上。这种直接和间接的作用，不但能够展现出人类的智力条件，也能够展现出一些精神层面的非智力条件因素，其中，非智力因素通过反映劳动者素质，成为提高劳动者精神动力的重要条件，也深刻地影响生产力发展的方向。

思政教育也能直接影响人们的道德素质和政治素质的发展。思政教育能通过教育内容，激发劳动者本身的创造性和积极性，为生产力的发展提供不竭动力；思政教育也改变了原来的生产关系，通过发展生产力，让生产关系更适应现代社会的发展需要。需要正确对待这种改革，因为改革当中会出现一定的困难和风险，但是中国特色社会主义道路能够为改革进程中的开拓者提供信心和动力，让人们充分地投入改革运动中，发展和解放生产力。

3. 提供社会经济的发展环境

经济增长是一个国家能够为人民提供丰富商品的能力保障。而这个能力是通过技术的进步和意识形态的完善实现增长的。经济发展在任何社会中，都需要思想意识的支撑。人们的生活生产方式，随着全球经济的变化都产生着相应的变化，这反过来也会影响人们的思想观念和价值观念，各种新的思潮涌现能够深刻影响我国意识形态的变化。在这种情况下，一定要抓好意识形态的宣传教育，不能让全球经济快速发展的新思潮打乱了意识形态教育，而影响我国社会主义现代化建设的事业发展。意识形态为统治阶级服务，而意识形态的教育也是思政教育中最主要的环节。

只有社会的稳定与和谐才能够促进社会环境长足发展，而思政教育能够通过对意识形态的教育，来为人们创造良好的社会舆论氛围和精神氛围，通过社会良好风气的养成来促进市场经济健康发展。思政教育能让受教育者辩证和全面地看待经济问题，并通过客观科学的分析，让人们从狭隘的经济增长框架中拓宽视野，通过树立自己的科学发展观念，让经济和社会的进步具有可持续性与科学性。在思政教育的教学内容中，教师应总结出方法论和指导思想，从而让学生形成对经济进步方面的正确认识，并逐渐形成良好的社会环境、心理环境和道德环境。

（二）文化价值

思政教育在某种程度上能够满足人民的文化需求，同时促进文化发展，这就是思政教育在文化方面的价值，在社会意识形态的组成要素中，思政教育不可或缺，它本身就是需要付诸实践的文化活动，可以有效促进我国社会主义文化的发展，增强国家软实力，建设文化强国。高校思政教育的文化价值主要体现在以下方面：

1. 文化传播

人们的政治观点或思想观念等是具有文化特征的文化观点，其能从一个群体中传播到另一个群体中，这种传播过程称为文化传播。思政教育，通过广泛传播社会主流的文化教育，来让公民具有社会化的思想道德意识。

高校思政教育是教育者向受教育者传递一定的思想观念、政治观点、道德规范的过程。思想观点、政治观点、道德规范就属于文化范畴，思政教育是一种特殊的文化传播方式。思政教育不但是一种教育方式，同时也是一个过程。思政教育，从主导意识形态和传授思想政治相关信息方面，让学生们接受主导社会文化发展的价值观，并养成符合社会发展需要的行为习惯；同时也能够通过思政教育的学习和实践活动来获得相关知识，从而形成符合社会发展观念的政治态度、观点、信仰、情感和行为。以上两种活动相互联系、相互作用，辩证地统一于思政教育的过程中。

2. 文化选择

思政教育在文化选择方面的价值主要有两方面，分别是正面的选择和反面的排斥。正面的选择主要是吸收积极的文化，筛选与思政教育价值观相同的内容，将这些先进思想纳入教育中，丰富思政教育等学科的组成内容，并在后期发展中继续继承、不断弘扬；反面的排斥主要是排斥与思政教育导向不符的内容，对有害的劣质文化加以抵制，从反面推动思政教育发展。

文化包括主流文化和非主流文化，通过丰富的内容和表现形式，能够为人类社会的发展提供最宝贵的历史精神财富积累，但文化也有糟粕。无论是物质方面的文化还是制度和观念方面的文化，不论何种形态文化，只要与思政教育的最终目标与内容一致，思政教育都应该积极选择和吸收，促进积极文化发展，使它们拥有更广阔的发展空间。反之，如果是消极的文化或与思政教育的目标和内容背道而驰，那么就应该坚决抵制或对其进行批判，使之无法进入教育体系，以确保思政教育的纯洁性和先进性。我国社会主义文化的繁荣和发展，离不开思政教育的推动。

要把我国建设成为文化强国，思政教育应该不断取长补短，筛选各种文化，吸收有益内容。对中华民族的传统文化，需要有批判地继承。对一些外来文化，思政教育工作者应加以批判性的创造、转化和理性的借鉴。对各种文化现象和因素，思政教育工作者应通过科学地鉴别、分析和筛选，加以文化性的继承和利用。

3. 文化创造

文化创造是思政教育通过创造，将文化的发展向思政教育方向进行有价值转换。文化是一个民族的灵魂和标志，是一个民族的精神家园，是民族认同、国家认同和民族凝聚力、创新力、发展力的基础。在全球化的大背景下，市场竞争的表面是经济之争，深层次则是文化之争。

思政教育在培养创新型人才方面起到了很大作用，也促进了广大人民群众积极投身物质和文化生产建设中，推动精神文明建设，此外，还可以丰富理论知识内容。思政教育的教育者在传播思想政治观念、价值观过程中，会结合当前社会实际情况及自身的教学经验吸收优秀文化，自觉抵制腐朽落后的文化，向受教育者传播最新的思想和理念，确保符合社会主义核心价值观的要求，同时，也完善了原有的文化体系。思政教育在教育学科中具有特殊性，因为能够影响人类的生活方式和价值观念，通过改善人们的知识结构来影响，人们在活动和生活中的行为习惯，对更新人类文化结构也起到了一定创造作用。

4. 文化渗透

意识形态决定了思政教育需要通过统治阶级的意识形态，控制思政教育相关的社会文化意识。通过宣扬符合统治阶级目标的道德要求和文化价值观念，逐渐让符合要求的思政教育渗透到相关的教育过程中，通过思政教育来弘扬社会主流文化，使之在社会亚文化中发挥更大作用，而要使主流文化渗透和影响各种社会亚文化，最重要的一种方式就是思政教育。思政教育传播主流文化，体现当前时代发展的特点，以人民为中心并具有中国特色，在指导思想上，以马克思主义为指导，融入了中华优秀传统文化，同时借鉴、吸收世界优秀文化，具有包容性和多样性。在主流文化外还有各种亚文化。这些主流之外的文化，不仅在方方面面影响着社会文化的总体发展，也影响到社会的发展。思政教育不仅包括主流文化，还要从各种亚文化中吸收优秀内容，抵制落后思想，使主流文化能够更好发展。

文化渗透功能可以使思政教育把主流文化发展渗透到亚文化中，亚文化在社会文化发展中也十分重要，将主流文化渗透到亚文化之中，能够创造更良好的社会文化环境，引导正确的文化发展方向，将冲突减弱，并通过文化的融合与吸收，让文化成为思政教育的载体，最终通过社会文化的融合，形成更加健康的社会文化环境。

（三）生态价值

所谓思政教育生态价值的实现，是指思政教育的生态价值观念被教育对象所接受，内化为受教育者稳定的心理结构，外化为一种持之以恒的行为习惯，形成一种思想上热爱自然、行为上保护自然的生态观念。对于这一定义的理解，我们可以从以下方面来把握：

第一，教育对象要接受生态价值观念。这是思政教育价值实现的首要条件或者说是应然条件，只有受教育者具备了生态价值方面的理论水平，才能唤起决策者在制定各项路线方针政策时既要考虑社会经济问题、社会政治问题、社会文化问题，又要考虑社会生态问题。在征服自然、改造自然的实践活动中，人们既要追求社会经济效益，又要追求社会生态价值，让生态价值观念贯穿决策和实践活动的始终。

第二，受教育者应以生态价值观来指导自己的实践。受教育者只是接受理论还不行，还要用理论来指导生产生活实践。理论不仅要指导受教育者改造自然的行为，而且要规范和引导人们的改造行为，做到人与自然和谐相处。

第三，社会生态价值实现的应该是正价值。人们在改造自然界的过程中，所创造价值有正价值和负价值，正价值称为积极的价值，负价值称消极的价值。凡是对人与人、人与社会、人与自然发展有积极作用的价值就是正价值，反之就是负价值。人们从事生态价值的创造，在没有科学生态价值观念指导的情况下，有可能创造出负价值，这样的生态价值终究会危害他人、危害自己、危害社会，所以生态价值实现的价值应该是正价值。

二、高校思政教育的集体价值形态

思政教育集体价值在思政教育价值体系中处于承上启下的地位。它向上承接思政教育的社会价值理论，向下连接个体价值的理论，与思政教育的社会和个体价值理论共同构成完整的思政教育价值理论体系。

具有共同目标的人聚在一起组成一个集体，集体成员之间相互影响，有共同的目标追求，朝着同一个方向努力。思政教育价值有时通过集体价值表现，以集体为主，思政教育的客体价值通过集体来实现，也就是思政教育活动可以满足集体发展需要。由于思政教育本身具有独特的属性和作用，因此可以对集体产生积极的影响，促进集体发展。

（一）增强集体凝聚力

思政教育可以团结和凝聚广大人民群众的力量，在长期的革命实践中已经得到了验证。思政教育可以使人们团结一致，使之形成强大的动力，推动集体发展，凝聚众人的力量。

第一，强化集体认知。思政教育通过让个体认识到自身与社会的连接，来实现个人价值；同时，个人通过培养思政教育，逐渐形成了集体的认同价值观和行为准则，通过准则约束集体成员的行为；并通过制定集体共同的合理科学，来确立共同目标的发展规划。

第二，深化集体情感。思政教育能够培养个人对集体的认同感、归属感、荣誉感，构筑健康的集体心理，使个体渴望成为集体中的一员，自觉把个人利益和集体利益结合在一起，与集体荣辱与共。

第三，坚定集体信念。思政教育通过引导人们的思想意识来影响集体成员的行为习惯，让集体成员形成集体荣誉感和责任感，并对集体保持忠诚、自信和自豪感。这种觉悟能够让集体成员保持齐心协力的发展方向，通过共同的目标来激励自己约束自我的行为习惯。

（二）创造集体文化

全体成员的共同努力才创造了集体文化，它包括任何物质的和非物质的文化，集体成员通过学习可以使之继续传承和发扬。在集体文化建设和发展的过程中，思政教育主要有以下两个作用：

在制度文化方面，集体成员的行为受到各种规章制度的约束和支配。集体成员对规章制度的认同关系到他们自身的利益，如果能够很好地贯彻落实规章制度，可以实现全体成员的利益，稳步提升他们的物质生活水平。因此，要帮助全体成员对集体的规章制度产生认同并自觉遵守，在执行制度过程中也要不断完善。

在精神文化方面，思政教育对人的思想具有塑造作用，统一集体成员的价值追求，树立正确价值观，让集体文化拥有更强大的生命力和凝聚力。通过思政教育活动，能够不断强化有代表性的集体文化，一些有特色的集体仪式和集体象征物等能够以更独特的面貌与方式对全体成员产生相应影响，塑造更好的集体形象。

（三）实现集体目标

个人价值的实现是在社会中进行的，也是在集体中进行的，而社会的发展也同样需要集体和个人的努力。思政教育就是帮助人们正确处理个人、集体和社会三者之间的关系，在集体目标中融入社会建设的目标，让集体目标体现社会发展的方向，促进集体科学地发展。如果集体制定的目标能够得到全体成员的认同，那么这个目标就是有效的，并可以让全体成员将其作为个人目标努力践行，这样可以推动更好地实现集体目标。思政教育主要通过宣传的方式，让人们认识到集体发展的目标，可以让人们用辩证和发展的眼光来看待这一目标，使个人的目标与集体目标发展相一致，使个人明确自己的志向。

集体成员在思政教育的融入下，能够更明显地表现个人情绪，使他们情感更充沛，彼此之间的关系更融洽，激发出积极的情感，抵制消极情绪。此外，还可以引导集体成员在情感和组织上更加积极向上。最终使集体目标内化为个人的目标，凝聚众人的力量，从而更好地完成集体目标。

三、高校思政教育的个人价值形态

个体价值的实现是相对社会价值和集体价值的实现而言的。个体价值，是指思政教育对个体需要的满足，个体价值实现的核心是实现人的全面发展。个体既包括教育者个体，又包括受教育者个体。

（一）教育者的个体价值

在思政教育价值实现的过程中，思政教育者个体价值实现是指对教育者个体成长、发展的需要的实现，或者说是满足对教育个体成长和发展的需要。

1. 教育者个体成长的需要

就思政教育价值实现而言，教育者个体价值的实现主要在于思政教育满足教育者个体学习和素质形成的需要以及满足教育者个体工作的需要。

（1）满足教育者个体学习和素质形成的需要。教育者的个体价值是通过教育者教书育人造福社会来体现的。教育者之所以能教书育人，是因为教育者具有两个"法宝"：具有高尚的师德和过硬的业务技能。师德的养成和技能的获得，都离不开思政教育。

第一，思政教育满足了教育者个体的学习需要。思政教育属于意识形态范畴，对教育者个体进行思政教育同样具有重要意义。在思政教育个体价值实现的过程中，思政教育对教育者主体精神需要方面的满足起着决定性的作用。具体而言，思政教育满足了教育者主体自身素质提高的需要。这一需要是思政教育发挥其育人功能来实现的。通过思政教育，培养和提高了教育者的素质，习得扎实的文化基本功。这样既改造了主观世界，又提高了认识世界和改造世界的能力，促进了教育者个体"德、智、体、美、劳"的全面发展。这样，思政教育满足了教育者学习的需要，为教育者个体进行教书育人的工作奠定了坚实的基础，掌握了教书育人必备的专业技能，具备了担当教育重任的本领。

第二，思政教育满足了教育者个体良好思想素质形成的需要。良好品质的形成是教育者必备的也是首要的素质。教育者良好品德的习得和养成，不是生而有之，而是后天思政教育实现其教育的结果。思政教育实现了教育者成长过程中学习科学文化、专业技能的需要。同样的道理，教育者良好品德的习得和养成仍然需要思政教育来实现。

（2）满足教育者个体工作的需要。"学以致用"，古人早就论述了学习与实践的关系，学习就是为了很好地工作。作为教育者，通过一定阶段的学习之后，必定要参加教书育人的工作。那么，对思政教育个体价值实现而言，如何使教育者更好地工作是一个值得深思的问题。教育者主体，是受社会或者组织的正式委托专门从事思想政治工作教育或者进行科学研究的人员。他们为了实现一定阶级或者群体的政治目的、经济利益，而对受教育者主体有目的、有意识、有计划地施加政治思想影响。如何满足教育者的工作需要以实现教育者的个体价值，是思政教育价值实现应该考量的一个大问题。具体地讲，思政教育要培养教育者从事教育工作所应具备的优秀的思想品质、良好的心理素质、扎实的业务素质等。

第一，培养教育者从事工作的优秀品质。具有良好的职业道德素质，也就是要求教育者敬业爱岗、为人师表，具有良好的世界观、人生观、价值观、道德观。思想政治上坚持党的路线、方针、政策，拥护党的决定。行动上坚持实施科教兴国和人才强国战略。

第二，培养教育者从事工作的良好心理素质。教育者是教育对象心灵成长的导师，教育对象心理素质的养成与最终塑造是靠教育者来引导完成的。教师的举手投足、一颦一笑，对教育对象都有着潜在的影响，教育对象自觉不自觉地以教育者为模仿对象，教育者的心理素质常常是教育对象完成心理构建的参照系。因此，要把教育对象培养成思政教育价值实现所希望的价值客体，教育者就必须具备良好的心理素质：①保持相对稳定的心理状态；②心理空间要有较强的承受张力。

第三，培养教育者从事工作的扎实业务素质。具有扎实的基本功，精湛的工作技巧与育人艺术，是思政教育者个体价值实现的金钥匙。这对21世纪的教育者个体工作素质提高提出了更高的工作要求。

2. 教育者个体发展的需要

发展，从哲学上理解是事物朝着好的方向运动，不断量变，当到达一定程度转化成质变。教育者个体价值的实现除了满足教育者个体学习和品德形成的需要外，也必须满足教育者个体价值发展的需要。具体从以下两方面入手：

（1）满足教育者个体专业知识发展的需要。满足教育者个体专业发展的需要是思政教育者个体价值实现的重要性内容。教育者的任务是教书育人——完成党和国家赋予的为社会主义培养接班人的光荣使命。为了完成这一使命，教育者首先必须具备一定的知识水平以外，还要注重发展自己的专业水平，比如思政教育学原理、思政教育学、思政教育心理学等。为了达到这一要求，思政教育要塑造教育者必须用发展的眼光对待自己的职业，不断学习、不断进步，注重专业知识积累，不断更新。

（2）满足教育者个体品质提升的需要。教师是一个使人向善的职业，要使学生的思想品质符合一定的社会要求，教师仅靠原有的品质修养不能满足学生日益增长的品质形成和发展的需要。为了解决这一实际需要，最好的办法就是对教育者进行思政教育，比如对受教育者进行爱国主义教育。如果教育者不及时加强思政教育，不及时提升自己的思想政治品质水平，就不能满足对受教育者进行教育的需要。同时还要加强对党的路线、方针、政策的理论学习。只有加强思政教育，才能满足教育者个体品质发展的需要。

（二）受教育者的个体价值

思政教育主体价值，除教育者个体价值外，还包括受教育者个体价值。受教育者个体价值的实现，主要表现在受教育者个体的政治素质得到明显提高、思想观念得到完美蜕变、智能素质得到全面开发、道德素质得到明显提高。

1. 提高受教育者个体的政治素质

政治素质，是指受教育者个体的政治立场、政治信念和态度、政治水平等的综合表现。思政教育是提高受教育者个体政治素质的根本途径。提高受教育者主体的政治素质应当从以下三方面着手：

（1）坚定受教育者个体的政治立场。政治立场，从字面意义上理解就是在政治上所站立的位置。立场决定态度，立场决定行为方式。在思政教育价值实现中，受教育者个体有什么样的政治立场，就会有什么样的态度和方式来实现思政教育的价值。具体来讲，在思政教育价值实现中，教育者个体必须坚定地站在无产阶级立场上，忠于党、忠于人民、全心全意为人民服务。现阶段，坚定的政治立场具体表现为：坚持为社会主义现代化建设服务的方向，为共产主义理想奋斗；拥护、宣传并模范地贯彻执行党的路线、方针和政策，自觉地在政治上同党中央保持高度一致；坚持科学发展观，具有为中国特色社会主义事业献身的精神。

（2）坚定受教育者个体的政治信念和态度。思政教育实现的最高价值就是使受教育者具有坚定的政治信念。政治信念是一个人的安身立命之本，是中国特色社会主义事业兴量的灵魂。受教育者树立了共产主义理想信念，就有了不竭的动力，发展就有了正确的方向。

政治态度是教育者个体对某一对象所持的评价和行为倾向，态度影响着立场的坚定性。坚定的政治立场不仅取决于坚定的政治信念，而且取决于坚定的政治态度。教育者个体对当前党的路线方针政策的政治态度具体要求包括：必须满腔热情地理解、学习、宣传党的路线、方针、政策，以实际行动体现自己的政治立场、政治信念和政治态度，自觉抵制不良政治态度，同不良现象进行斗争。

（3）较高的政治水平。政治水平，是指政治上辨别是非的能力，政治警惕性的高低以及善于从实际出发，正确运用客观规律搞好学习等。政治水平的高低主要取决于思政教育价值的实现程度以及马克思主义理论修养水平的高低。因此，在思政教育价值实现过程中，受教育者必须加强党的理论学习，加强马克思主义理论水平修养等，培养自己较高的政治水平。具体要求为：有较高的马克思主义理论水平，善于运用马克思主义的世界观和方法论分析问题并解决问题；有较高的政治觉悟，具体体现为具有敏锐的政治嗅觉和高度的政治警惕性。

2. 全面开发受教育者个体的智能素质

智能是指在思政教育个体价值实现的过程中经常地、稳定地表现出来的个性心理特征，是全面开发和造就个体人才的基本因素，它主要包括智力和能力两方面的素质。在思政教育个体价值实现的过程中，既重视开发受教育者个体的智力素质，又重视开发受教育者个体的能力素质，只有这两种能力一起开发，才能满足受教育者个体价值实现的需要。下面具体论述受教育者的智力和能力素质：

（1）智力素质。所谓智力，是指在思政教育价值实现中表现出来的能力，例如观察能力、注意能力、记忆能力、思维能力、想象能力等。我们有时称赞某人聪明，指的就是某人具有良好的智力素质，它是有效地掌握知识、顺利地完成活动所必不可少的条件和一般能力。具体地讲，在个体价值实现的过程中，要全面开发如下能力：

第一，观察能力。观察能力是人的大脑通过视、听、嗅、味、触感觉器官进行有意识、有计划的知觉活动，来捕捉事物中典型的、带本质性的外部特征的能力。在个体价值实现中，我们应大力培养价值主体观察能力，以便获得感性材料、收集基本信息：①明确观察目的，在价值实现中，要明确实现的主题，然后把注意力集中到这点上；②精细观察，留心新发生的现象，不可视而不见；③敏于观察，要对价值实现具有敏锐性，从思想品质的细微变化认识事物的本质。

第二，注意能力。注意能力是指人的大脑通过感觉器官对客观事物、信息的集中和选择的能力。有良好的注意力，加上良好的学习品质，学习成果会高人一等。由此可见注意力对于一个人成长的重要性。在个体价值实现过程中，要培养个体价值主体良好的注意力，良好的注意力有助于顺利获得思政教育价值实现所需要的思想政治品质和相关知识，从而顺利实现个体价值。鉴于此，我们全面开发和培养受教育者个体的注意力：①为受教育者个体创造良好的环境。良好的环境有利于受教育者注意力的集中；②适当的思政教育内容能有效地集中受教育者的注意力。个体价值实现的需要、兴趣和经验，直接影响受教育者的注意力。

第三，记忆能力。记忆能力是指人的大脑对经历过的信息进行储存和再现的能力。记忆是知识的仓库，为人的思维活动提供原料，它起到了储存信息的特殊作用。全面培养受教育者的良好记忆，有利于受教育者接受、回忆和转化教育者传递的知识。因此，要全力开发和培养受教育者个体的记忆力：①加强锻炼，明确学习目的、对材料充分理解，就能锻炼出好的记忆力来；②提高我们对记忆内容的兴趣，并让多种分析器官参加记忆活动，这样就会提高记忆力。

第四，思维能力。思维能力是指人的大脑借助于言语间接、概括地反映客观事物本质和规律的能力。任何人都同时具有多种思维能力，但其中总有一项思维能力占主导地位。创造性思维能力是各种思维能力类型的有机结合，是一种复杂的高级的起着主导作用的思维能力。思政教育个体价值的实现，需要价值主体具有很强的思维能力。可以判断自己的政治立场、分析不同事物的性质特征，从而有利于个体价值的实现。因此，要全面培养受教育者的思维能力，既要培养受教育者的形象思维能力，要培养受教育者的抽象思维能力，更要培养受教育者的创造思维能力。

第五，想象能力。想象能力是指人的大脑把过去感知过的形象进行加工而产生新形象的能力。想象力既是独立的因素，又是贯穿诸因素的红线。这种能力对创造发明具有重要意义。想象力，对于思政教育价值实现也同样重要，受教育者通过所学知识，可以在头脑中构筑自己思想政治品质和行为习惯的形象，这是其他能力无法代替的。因此，我们要全面开发和培养受教育者的想象力，这有助于其对所接受的知识进行加工。要全力培养受教育者的想象力，具体从这些方面入手：①加强审美想象力训练，在思政教育价值实现中，结合教育者传递的信息进行开放性、多层递进式想象力训练；②科学想象能力训练，主要通过概括式、假设式、多方位想象能力训练等全面培养受教育者的想象能力，从而有利于受教育者个体价值的实现。

（2）能力素质。所谓能力，是指在思政教育价值实现中受教育者个体应该具备的能力素质，它包括合理利用与支配各类资源、处理人际关系、获取信息并利用信息、系统分析四种能力素质。在思政教育过程中，这四种素质是影响受教育者个体价值实现的能力要素，因此，我们应该全面开发和培养受教育者这四种能力素质。

第一，合理利用与支配各类资源的能力。在思政教育过程中，受教育者要想实现其个体价值，在智力素质能够满足其思想品质形成需要的条件下，还应该会合理利用和支配各类资源。

第二，处理人际关系的能力。人际关系是思政教育价值实现的保障。倘若搞不好人际关系，将对我们的学习、生活及心理健康有不良的影响。在思政教育价值实现的过程中，由于受教育者的性格、禀赋、生活背景及目的等不同而产生思想上的距离，这些不同在价值实现的过程中会表现出来，从而不利于个体价值的实现，因此要处理好人际关系。良好的人际关系可以形成和谐的班集体，可以互相帮助、团结友爱，共同为价值实现贡献力量。

第三，获取信息并利用信息的能力。信息是对客观世界中各种事物的运动状态和变化的反映，是客观事物之间相互联系和相互作用的表征，表现的是客观事物运动状态和变化的实质内容。在思政教育价值实现的过程中，信息量特别大，又特别复杂，因此要培养受教育者有效获取信息的能力，主要培养收集、分析和利用信息的能力。要帮助受教育者学会利用多种有效手段、通过多种途径获取信息，学会整理与归纳信息，学会判断和识别信息的价值，分析与传播信息，使用计算机处理信息并恰当地利用信息。

第四，系统分析能力。系统分析能力是指运用系统的概念和系统论的基本原则，对系统的组成要素、结构、环境、性能等系统的基本特征和系统的状态及其调控进行分析的能力。系统分析着眼整理，从组织系统的各要素之间找出事物的联系与区别。在思政教育价值实现的过程中，受教育者个体应该具有系统分析的能力，对所接受的知识进行综合分析，找出概念之间、理论之间的差别与联系，对实现自我价值有用的就接受、内化再外化为社会所需要的品质和行为习惯。因此，要从这些方面培养受教育者系统分析的能力：①注意系统具有整体性、关联性、开放性和反馈性原则，坚持这些原则，有利于进行科学分析；②运用静态与动态相结合的分析方法，受教育者要学会并运用系统分析方法于思政教育价值实现的实践中，促进受教育者价值的实现。

3. 受教育者个体的道德素质得到提高

道德素质是人们的道德认识和道德行为水平的综合反映，它包含一个人的道德修养和道德情操，体现着一个人的道德水平和道德风貌。道德素质的提高在思政教育价值实现中起着关键作用。具体而言，要提高受教育者主体的道德素质，必须做到如下要点：

（1）通过思政教育培养良好的道德观念。只有确立了社会主义道德观念，才能使自己的道德观念和道德行为进入社会主义道德规范的轨道，具有社会公德、职业道德和家庭美德。社会主义的道德观念要求诚实守信是道德之本。

（2）注重道德品质塑造和道德行为养成为倾向的理想信念教育。我们既要注重道德规范、道德理想等道德知识的灌输，也要注重以道德品质塑造和道德行为养成为倾向的理想信念教育，从而克服受教育者主体道德知识与道德行为的不一致性，做到知行合一。一方面，要注重学生的道德行为能力培养。这种能力就是要使学生把道德意识转化为自觉的行为，自律、自戒、自我完善，使道德达到"慎独"的境界，努力去做一个高尚的人。另一方面，要注重培养学生的道德人格。道德人格是人们在社会生活中通过自身的言行、情态等所表现出来的为人的品位或格调，是思想、品德、情感的综合体，其中最重要的因素是道德人格。良好的道德是立人之本。

由此可见，高校思政教育必须以培养学生的道德行为能力和道德人格为重要内容，这些思想道德素质内化为受教育者综合素质的主要内容之一，为顺利实现受教育者主体价值打下良好的思想基础。

第二章　高校思政教育方法的科学发展

第一节　高校思政教育教学方法及其选择运用

一、高校思政教育教学的基本方法

"思政教育是培养学生正确三观、塑造学生健康人格的有效途径。"① 加强对高校思政教育方法的发展研究，能有效促进思政教育学科理论的发展，有助于厘清发展中国的思政教育方法理论和实践形态在运作过程中遇到的系列问题，有助于提高思政教育方法的实效性，同时促进高校思政教育方法论的发展。

（一）理论教育法

1. 理论学习法

理论学习是阅读文字的一种主要方式，主要是通过阅读书籍、报刊、网络文本进行的。读书活动是引导人们自己学习、思考、运用的一种自我教育方式。在思政教育方面，读书活动所涉及的内容是很多的，有政治理论、历史知识、法律知识、伦理道德、人生修养等，这些内容要同思想实际、工作实际相结合。

2. 宣传教育法

宣传教育法，是指运用大众传播媒介向学生传播正确理论和先进思想的方法，既有理论的阐述与辅导，也有典型的学习、运用示范。例如，专题讲座法是思政教育者就某个专门的思想政治问题做系统的讲述，从而使学生对这一问题产生系统的思想认识。专题讲座法可以系统地阐述某个政治道德问题，例如科学发展观专题报告、抗震救灾英模报告、学生文化素质专题讲座等。专题讲座的专题，大多是选择学生关心的思想政治热点问题，通

---

① 王仕印，孙瑶. "以生为本"的高校思政教育方法创新探析 [J]. 科教导刊，2019（31）：92.

过听专题报告或讲座，使学生获得对这一问题的系统、正确的认识。专题讲座法是思政教育中经常运用的一种形式，一般分两个阶段进行：首先，由讲座人就专题做系统讲授；然后，留适当的时间与学生做双向的思想交流，当场回答学生提出的问题。

在电子媒介中，网络是最具现代特色的传播方式，它信息量大、及时，视野最为开阔，并且能够做到声、光、图、文并行，既能对人进行外部引导，又能促发人的内部引导。实际上，网络由于其独有的广泛性和虚拟性使得人们可以在网上的交流更加自由，为社会舆论提供了一个新的平台和环境，对于整个社会的走向和发展起着很重要的影响。因而，开展网络思政教育是十分必要的，将网络这个有利的平台有效利用起来，广泛开展宣传教育。

3. 系统灌输法

系统灌输法是采取讲解和报告等形式，系统地阐述思想政治问题或道德伦理问题，以提高学生的思想、政治、道德方面的认识水平和思想觉悟的方法。系统灌输法的主要作用在于，形成并发展受教育者思想品德结构的"知""情""意""行"中"知"这一方面，即形成和提高学生的道德认识。

系统灌输法有利于提高学生的道德认识，在运用系统灌输法的时候，首先要了解学生现有的认识水平和学生在道德认识方面存在的问题，根据具体情况，进行讲解和报告。如，有的学生受家长和社会的影响，又看到目前物价局部上涨，产生了对目前改革形势的模糊认识。针对这种情况，教育者可以邀请改革政策制定部门的负责人或改革企业家谈谈改革的理论依据及改革过程的曲折性、艰难性等，提高学生的认识。

4. 个别谈心法

个别谈心法也叫谈话法，是教育者采用交谈的方式，引导教育对象运用事实、经验和政治理论、道德原则，分析和解决思想问题与现实问题的方法。在个别交谈中进行的教育方法，不仅能够彼此沟通思想、交流感情、增强信赖，从而解除教育对象的思想顾虑，把思想脉搏搞清楚，而且易于集中教育对象的注意力，启发教育对象开展积极主动的思维活动和思想斗争，增强教育针对性，提升教育效果。

实施个别谈心法需要注意三方面：①谈话要富有感情，善于同教育对象交朋友；②根据外界环境的状况和教育对象思想实际选择合适的谈心时机；③注意掌握谈心的合理程序，导入、转接、正题和结束，在不同阶段处理好相应任务，从而使谈心顺利有效地进行；④对于谈心中了解到的情况，如果是对方要求"保密"而又必须在一定组织范围内加以解决的问题，应严格组织纪律，不得任意扩大传播范围。

5. 自我教育法

在向学生施教时，要努力给学生创造自我教育的条件，受教育的客体转为自我教育的主体，培养学生管理自己、教育自己的能力。要做到这一点，须从以下方面着手：

（1）培养学生正确认识世界的能力。让学生面对社会现实自觉地思考，并在教师引导下得到正确认识，从而明是非、辨真伪、识美丑。

（2）引导学生读书，增强分辨能力。新时代的思政教育工作，与现代科学文化息息相通。学生有强烈的求知欲望，这就要求不断挖掘科学文化领域的教育因素，寓育于"文"，寓教育于"理"。引导学生在读书中增长知识、陶冶性情、加强修养，从而提高自我教育的能力。

（3）培养学生自治、自理能力，让学生自己观察自己、认识自己、尊重自己、把握自己，并有意识地发扬自己的长处，克服自己的短处。为培养学生这方面的能力，有的教师在班级内办起班报，从编辑到总编，从组稿、约稿、约稿、刻写、校对到印刷均由学生自理，以此增强学生自治、自理的能力。

6. 陶冶情操法

学生喜欢鲜艳的色彩、悦耳的声音、芬芳的气味，随着年龄和知识的增长，希望开展既有思想性又有艺术性的文学、音乐、舞蹈、戏剧表演和绘画等艺术活动，以开阔视野、增长知识、活跃课余生活、陶冶情操。

美的环境是学生身心健康成长的重要条件。教师要引导学生创造舒适、美好的生活和学习环境。例如绿化、美化校园，使学校经常保持整洁、美观的面貌。教室桌椅排列整齐，门窗明亮，窗台上放些盆花，有利于学生健康成长。

学校应根据自己的特点建设具备特色的校园文化，使学校成为文明的乐园。例如，在走廊内陈列学生的绘画和艺术作品，举办周末文艺晚会、艺术节、体育节等，使校园充满歌声、笑声、欢乐声。

班风、校风是集体成员精神面貌的反映，既是集体培育的结果，又是影响集体的教育因素，优良的校风、班风是学生耳濡目染、潜移默化，逐渐养成良好的道德情操的必然条件。

美好的环境（包括自然和社会环境）不仅能使学生感到舒适、愉快，而且能对学生的思想情操产生美好的影响。

7. 立体教育法

立体教育就是把思政教育工作看成一个纵横交错、立体交叉、多方位、网络型的系统工程。思政教育工作是靠政教部门、教师和班主任去做，这是平面结构的做法。目前，正是这种做法使思想政治工作分层次、成网络地形成了立体结构。这就要求做到以下四个方面：

（1）在校内，党支部和学校的领导、教导处、团支部、少先队组织、班主任、科任教师以及学校一切工作人员，都要做学生的思想工作。这样执行下来，在工作中要注意要求一致，而且要互相协作。思政教育的效果势必明显。

（2）在各类组织内，要充分发挥共青团组织、学生会、少先队的作用。应该放手让学生自己管理自己，使学生在管理中增长才干，提高思想道德素质。各级学生干部最好轮流担任，使每个人都有锻炼、提高的机会。学生相互之间最了解彼此情趣、特点和需要，而且也较为一致，因而思想工作也更易于开展。

（3）在校外，学校、家庭和社会对思政教育目标一致，才能将各方面的力量汇合成巨大的教育力量。其中，学校应起主导作用。班主任应主动与学生家庭和社会加强联系，多做宣传工作，使各方面所进行的思政教育协调起来、相互配合，使学生受到来自多方面的良好熏陶。

（4）注意社会环境对学生的影响。社会信息大量涌入学生头脑，学生的辨别能力并没有同步增长，对社会上的某些消极因素，只要积极引导、适当教育，问题是不难解决的。

（二）实践教育法

人存在和发展的本质就在于实践，即认识世界和改造世界，所以，思想品德教育中的实践教育法的基本特点，从根本上体现了人存在和发展的本质。具体来说，其特点在于以下两点：

第一，改造客观世界与改造主观世界有机结合。实践教育法使受教育者把改造客观世界与改造主观世界有机结合起来。社会实践使受教育者以直接的形式参与社会的各类实践活动：一方面，推动着社会的进步与发展；另一方面，使受教育者在实践中得到锻炼，形成社会发展所需要的思想观念、政治观点和道德规范。

第二，普遍性与能动性有机结合。实践教育法把普遍性与能动性有机结合起来。一方面，在现实生活中，实践活动是最基本的活动，是人类生存和发展的前途，人作为实践的主体，在这之中必然得到锻炼，这体现了实践教育法的普遍性；另一方面，在实践活动中，人具有能动性，这种能动性在意识的指导下能够指导人们主动参与思政教育，提高认识的积极性和自觉性。

实践教育法的实质是人的个性思想品质社会化的过程。随着社会的发展，实践教育也在不断拓展其社会领域，不断扩展其实施范围，不断丰富其具体实施方式。当前，实践教育主要有以下方式：

1. 服务体验法

服务体验法也叫社会服务法，就是通过让受教育者运用自身具备的知识和技能等素质，尽全力为社会提供服务，以帮助人们解决在实际的生活、工作和学习上的问题，在为社会奉献自身力量的同时，获得社会对自身道德、责任的教育。服务体验法的具体方式是多种多样的。站在不同的角度划分一般会有不同的划分类型。按服务的方式划分有着眼于讲文明树新风开展的志愿服务活动，有着眼于扶危济困开展的志愿服务活动，有着眼于大型社会活动顺利进行开展的志愿服务等；按服务的内容划分有生产服务、生活服务、信息服务等；按服务的主体划分有党员志愿者、红十字志愿者、青年志愿者、社区志愿者等。

2. 社会考察法

社会考察法，是思政教育常用的一种教育方法，与理论教育法不同，社会考察法是通过对社会问题、社会现象的分析，帮助受教育者提高自己的思想认识。社会考察法要求受教育者要对将要分析的社会现象有一定的认识，在分析的过程中受教育者要提出自己的看法与疑问，从而使受教育者能够更加深刻地理解所分析的社会事件，提高人们的分辨能力。社会考察的范围非常广泛，可以通过各种形式来实现，比如参加爱国主义教育展览、长征精神教育展览、参观革命圣地和名胜古迹等。让受教育者参加实践考察的目的是让他们通过自己的观察与分析得到最直观的认识，提高他们分析问题和解决问题的能力。

在现代思政教育中，在对教育者进行理论基础教育的同时，也要重视思政教育实践教学的作用，只有将两者进行有机的结合，双管齐下，才能更高效地提高受教育者的思想政治素质。在思政教育中实施社会考察法有以下步骤：

（1）深入社会观察。要了解实际情况，就应当首先了解某一社会现象或问题的存在方式和状况，这要求受教育者一定要自己动手、动脑去接触社会、认识社会，虚心请教，以获得客观而丰富的第一手资料。这类考察方式一般适用于对国内国际的重大事件或社会重大问题的分析研究。

（2）参与社会体察。如果说社会观察是受教育者作为客观第三方，那么参与社会体察也就是受教育者完全参与到所考察对象的活动之中去，作为考察对象中的一部分去亲身体验。亲身体验得来的经验材料较之观察得来的经验材料更深刻，当然也更富有感情色彩，这类考察方式一般适用于对某阶层的工作、生活状况的考察。

（3）联系社会调查。通过设计调查问卷，调查问题，确定调查对象，安排专门的时间进行问卷填写或采访的方式，获得第一手资料，这是目前最常采用的调查方式，适用于考察某一社会群体对某类问题的看法或观点、社会热点问题的考察等。

（三）激励教育法

激励教育方法是以人的需要作为客观依据的。所谓需要，是指人们在社会生活中必要的事、物在头脑中的反映，以及由此而产生的欲望和要求，它通常以愿望、意向、兴趣、物质等形式表现出来。它是人的思想和行为的基本动力。激励教育方法即通过着眼于人的"内在短缺"和"外在目标"来研究对人的激励。由此可见，"需要"不仅对人的驱动力很大，而且是人的一种客观的心理反应。

1. 主要形式

在思政教育中，由于人们的不同需要以及"内在短缺"和"外在目标"的矛盾，实施激励方法的形式也是多种多样的。

（1）情感激励。情感激励就是通过多形式、多渠道，触及受教育者的内心世界，培养健康情感，提高理性认识的一种方法。在现实生活中，感情对人的认识活动有着极大的影响，它为做好思政教育创造了重要条件。要充分利用感情的力量，寓理于情，让思政教育潜移默化地渗透到人们的心中。

（2）物质激励。物质激励就是对为国家和社会有重大贡献的人们，给予包括颁发奖金和奖品在内的实物奖励。在现实生活中，物质激励有着深厚的社会基础。因此，实行必要的、恰当的物质激励，是调节人们行为、调动人们积极性最重要的手段之一。在思政教育中应用物质激励的方式，不仅是必要的，而且是可行的。

（3）表扬激励。表扬激励就是充分肯定受教育者正确的思想和行为，鼓励其巩固和发展优良品行的方法。表扬激励符合思政教育的目标，同时，它直接满足了人的精神需求，因而也符合人们的心理特点。思政教育者在实施表扬的时候，也要进行广泛的社会宣传，以在更大的范围内激发人们的热情，增强人们的责任感。

（4）目标激励。人的需要只有指向某种特定目标时，才能变成行为的动机；而人的需要一旦转化为动机，就会形成一种促使自己发奋的内在力量。目标是影响人的行为的重要因素，因此，目标激励是思想政治激励教育法的形式之一。但是在思政教育过程中，教师引导人们设置目标时，要注意以下两方面的问题：

第一，合理性。目标要有一定的难度，但经过努力又是可以实现的；把个人目标与社会和国家的目标有机结合起来，一方面个人目标不能损害社会和国家的目标，另一方面个人目标也能够得以实现。

第二，期望性。根据行为科学的"期望理论"[①]，人的需要是有目标的，但当目标还没有实现的时候，这种需要还只是一种期望，而期望本身就是调动人的积极性的力量。"期望理论"认为，目标效值和期望概率越大，激励力量也就越大。由此可见，目标既不能过高，也不能过低，否则就会失去激励的作用。

此外，兴趣激励也是一种重要的激励方式。兴趣往往是推动人们求知的一种力量，人们对自己感兴趣的事物，总是力求认识它、研究它。在思政教育中，只要激发起受教育者的兴趣，就能收到事半功倍的效果。

就激励方式而言，还可以举出很多种，上述激励方式是常用的方式，它们是互相联系、互相渗透的。思政教育者在实施激励教育的过程中，总体上既要有利益的关怀、情感的熏陶，又要有思想的共鸣、道德的感化；同时还要因时制宜、因事制宜、因人制宜、因地制宜，采用适当的激励方式，从而真正做到联之以利、晓之以理、动之以情。

2. 操作原则

（1）把握激励的时机。"时机"是时间和机会的有机组合，在人们的各项活动中起着关键作用。同样，思政教育中激励时间与机会的把握，对教育的效果起着至关重要的作用。比如，客观环境、学生的求助心理及其程度、学生的某种满足及其程度等方面的具体情况，都是教育者在思政教育激励中所要把握的时间与机会。

（2）注重激励的感染性。思政教育激励方式的感染性，包括两方面：①在思政教育中，要利用感情的力量，寓理于情，使学生在不知不觉中乐于接受教育；②在思政教育中，通过对个人或群体的激励，使更多的人受到感染。在实际工作中，要把这两方面有机结合起来，从而在整个社会内逐步使人们自然地、潜移默化地接受各种正确的思想观念和行为规范。

（3）注重激励的渗透性。激励的渗透性是指在思政教育中尽量扩大激励效果的范围。在思政教育的激励教育中，往往根据不同情况采取不同的方式。但是在采取这种方式的时候，不仅要考虑它的直观效果，还要把它的效果渗透到学生的学习、生活以及日常行为中，更要注重它的长期内化效果。

二、高校思政教育教学的创新方法

在思政教育过程中，在运用一些基本的方法来达到教育效果之外，还有一些特殊的思

---

①期望理论又称作"效价—手段—期望理论"，是管理心理学与行为科学的一种理论。这个理论可以公式表示为：激动力量＝期望值×效价，是由北美著名心理学家和行为科学家维克托·弗鲁姆（Victor H. Vroom）于1964年在《工作与激励》中提出来的激励理论。

政教育方法可以采用和借鉴。

（一）典型教育法

典型教育法，是指在思政教育中运用具有代表性的人物或事件对教育对象进行引导和教育的方法。从哲学的角度，典型是在一定的时期或一定范围具有相当程度影响的人物和事件，其能代表一类或一般事物的典型特征和本质、发展趋势或发展规律的个人或个案；典型示范教育就是通过典型教育使其吸收先进典型的有益成分，并对照自己的不足，吸取经验和教训，消除自己的不良思想和行为，提高自己的思想政治素质。典型教育法主要包括以下类型：

1. 正面典型教育法

正面典型是社会生活之中经常可以看到的典型，是能够体现或代表先进，具有示范和榜样作用的典型，又称先进典型、进步典型。运用正面典型教育法时应注意以下要点：

（1）善于发现和推广具有时代感与代表性的典型。先进典型常常产生于我们身边的日常工作、学习和生活之中，需要去发现和识别。典型的选择要具有广泛的群众基础：既要树立全国性的榜样，又要树立不同类型、不同层次、不同行业的榜样，更要善于发现和树立本地区、本行业、本单位的典型。

（2）注意对典型事迹的宣传要实事求是以及注意典型的真实性和局限性。所以对典型的宣传、推广要实事求是，注意分寸、留有余地，决不能言过其实、任意拔高。

（3）注意对典型的培养和教育，以关心爱护的态度对待典型。

2. 反面典型教育法

反面典型就是落后的或反动的典型，利用反面教员和反面教材开展思政教育，就是通过揭露或批评其错误或反动的观点，给人以教训，使人引以为戒，或使人认清其反动实质，与此同时，宣传正确和进步的观点。利用反面教材、教员开展思政教育，目的是增强辨别和选择的能力。

运用反面典型教育法时应注意：①勇于面对反面教材和教员，并加以正确地判断和识别；②根据学生不同思想水平，选取适当的内容；③主动引导学生从根源和危害性上分析反面典型，进而帮助学生自觉抵制反面典型、接受正面典型。

（二）比较教育法

比较教育法，是教育者通过对两种或多种不同事物的异同和特点进行分析、比较、鉴别，做出正确的判断和结论，从而提高学生思想认识水平的教育方法。

1. 主要形式

（1）纵向比较。纵向比较也就是从时间上把事物的过去和现在加以比较，通过帮助学生了解事物的变化和发展，加深学生对事物的了解和认识，从而帮助学生得出正确的结论。

（2）横向比较。横向比较就是在空间上把有一定联系的不同事物加以比较，帮助学生了解其异同，加深学生对不同事物本质的理解。

2. 操作原则

（1）坚持可比性原则。缺乏可比性的比较，其结论是站不住脚的。只有在同一条件、同一标准、同一比较分析单位下，才能把具有可比性的事物进行比较，才能区分真假优劣、善恶美丑，得出正确结论，发挥教育作用。

（2）坚持本质比较。比较，不仅要从现象上比较，而且要深入事物的内部进行本质比较。坚持本质比较，可以区分事物之间的本质区别，获得事物的真理性认识。

（3）坚持多项指标比较。多项指标比较，是指通过两个以上、互相区别而不能互相替代的指标进行比较。多项指标比较，具有两个特点：①克服了片面性，具有全面性；②能综合反映比较对象的整体概貌，具有综合性和整体性。通过多项指标比较，能使学生获得对考察对象的整体性认识。运用多项指标比较，要注意指标的选择，也就是说所选定的各指标，既要互相独立，又要全面客观地反映事物，即具有客观性和科学性。

（4）借助多样化的比较形式。比较的形式应多种多样，不仅要借助于说理，而且可以采用数据、图表、图画、照片、视频、音频等各种直观形象的方式，增加比较的效果。

（三）冲突缓解法

人在社会中生存，不可能不发生冲突，如个体与环境的冲突，个体之间的分歧和误解。尤其学生是一个激情飞扬的群体，性格中也不同程度地存在着急躁、冲动的因素，容易被环境影响，情绪容易激动，与人相处时不可避免地会出现矛盾。同时，由于社会现象纷繁复杂，青年人关注热情高但辨析能力较弱，容易引起情绪上的激动和浮躁。还有学习中竞争压力加大，就业前景不是很乐观，导致情绪上的不平衡，等等。在思想教育中，冲突缓解法是迅速缓解矛盾，防止矛盾升级、局面恶化的重要方法，是稳定学校团结和谐的教育局面、保证学校正常良好教育秩序的必要条件。

三、高校思政教育教学方法的选择运用

(一) 思政教育方法的选择依据

在开展思政教育过程中，选择合适的思政教育方法尤其重要，是有效实现教育目标的思路。在对教育对象进行认真的分析和探索的基础上，选择合适的教育方法，可以较好地实现思政教育的效果，从而有效地提升高校思政教育的针对性。

第一，依据思政教育的教育目标与任务。目标任务的完成，需要对方法妥当运用，方法是完成任务的工具和手段，受到目标任务的制约。在对学生进行思政教育过程中，教育目标和任务需要依靠一定的教育方法来实现，教育方法是为教育目标任务服务的。根据高校思政教育的目标任务来选择教育方法，才能够保证教育目标任务的实现。高校思政教育的目标与任务是在实施思政教育过程中所期望达到的结果，它是一个具有整体性的体系，具有多样性、层次性和系统性的特点。目标与任务是思政教育内容体系确立的出发点和归宿，而方法则是完成思政教育目标的手段，是依据思政教育目标的要求加以选择和设计的。如果离开了目标和任务这一主要依据，思政教育方法的选择也就没有了生命力。

第二，学生的具体特点。高校思政教育目标的实现要紧密结合教育对象的具体情况和不同特点，有针对性地选择教育方法。选择合适的教育方法，会直接影响思政教育活动的实施效果。如果思政教育方法在选择和设计过程中能充分考虑学生的现实特点，满足其实际需求，那么在实施过程中就易于被接受，容易产生效果。思政教育对象有个体和群体之分，不同年级、不同层次的学生群体所适应的思政教育方法各不相同，同一个学生群体中不同成长经历、不同家庭环境、不同个性特点的个体适应的教育方法也存在差异。在对学生进行思政教育的过程中，还要考虑学生在思想观念和道德水平方面的不同。

第三，教育中的实际问题。实效性是学生选择思政教育方法所参考的依据。只有思政教育方法选择合理，运用正确并具有较强的针对性，才能够避免思政教育主客体在实践活动中的盲目性，使其能够自觉地根据要求来完善自己的实际行动。学生面临的实际问题往往决定如何具体实施思政教育。如果教育者能够深刻分析引发学生实际问题的原因，针对问题的性质、程度和影响因素进行具体分析，选择合理的教育方法，那么解决学生的实际问题，提高学生的思想认识就会变得相对容易。

(二) 思政教育方法的运用特征

1. 针对性

在开展思政教育过程中，不同的教育方法应用到同一个教育对象所产生的效果是不一样的，不同的教育内容、教育目标、教育对象所需要采取的教育方法也是不一致的。在实施思政教育方法的过程中，要从实际出发，针对不同的教育目标、教育内容、教育对象选择有针对性的教育方法，做到有的放矢。针对性就要求思政教育者在教育活动中要充分把握教育目标和教育内容，掌握不同教育对象的特点，理解不同教育方法的使用范围和具体特点，保证教育方法切实符合要求，进而保证教育效果的实现。针对性的实质是教育方法的实施要遵循思政教育的客观规律，要坚持实事求是的原则。

2. 创新性

我国当前正在进行的改革开放，是一场深刻的社会变革。变革带来社会环境的变化，人们的思想观念和思维方式也会随之发生巨大的变化。随着校园环境的不断改善、网络文化的普及，学生的思想观念和道德也出现了新的问题。思政教育面临的环境发生了深刻变化，学生本身的思想状况呈现出新的特点，在此基础上，思政教育方法也需要根据实际情况进行相应的改进与创新。思政教育方法的创新性，要求思政教育者在开展教育活动时，要紧密联系学生的实际情况，依靠先进技术，探索新的解决思路和解决途径。思政教育方法在创新的同时，要继承中华传统文化的优秀传统，在继承中创新；又要善于借鉴国外先进的教育方法，开拓创新思路。同时，创新方法要充分依靠网络先进技术，适应信息时代的新要求。

3. 实效性

实效性是指思政教育方法在实践中的可操作性。长期的思政教育证明，只有运用在实践中可行的教育方法才能产生良好的效果。坚持思政教育方法的实效性，要求思政教育者在实施教育的过程中，根据实际情况，既要运用已经被实践证明是正确的方法，也要勇于探索，创新方法。

4. 综合性

当前社会，学生的思想状况复杂多变，影响学生思想波动的因素也比较多，思政教育面临的情况也是错综复杂。解决学生面临的思想问题，只有将多种教育方法综合运用，才能保证教育目标的实现。综合性就是指思政教育实施者在进行思政教育的过程中，要综合分析学生面临的实际问题，结合学生的具体特点，综合分析学生思想问题的原因，充分掌握教育环境的特点，选择多种教育方法，并形成最佳组合，发挥多种教育方法的整体作用。综合性应用思政教育方法，就是不同的教育方法在思政教育过程中发挥各自的作用，协调一致，最终产生综合效果。不同教育方法具有各自的特点，学生面临的具体问题也不尽相同。思政教育者要根据具体的任务、对象和条件来选择具体的方式。

第二节　高校思政教育的人文关怀与科学管理

"人文"，区别于自然，有人伦之意；区别于质朴、野蛮，有文明、文雅之义；区别于成功、武略，有文治、教化之义。如今，"人文关怀"在强调人的价值、人的尊严和人格完整以外，又增添了新的时代内容。特别是把人文关怀和思想政治工作联系起来，延伸到正确、妥善、和谐地处理人际关系，这就使人文关怀的内涵得到了扩展，也更易于落到实处。

"人文关怀主要体现为以人为本"[①]，是人本论在思政教育实践中创造性应用的产物，它强调教育者与被教育者的平等性、亲近性、贴近性和柔和性，强调尊重学生独立的人格和自由的精神，着眼学生的全面发展，凸显学生的主体地位，从人文关怀、柔性管理和隐性教育三方面入手，在潜移默化中达到较好的教育效果。

一、高校思政教育的人文关怀

人文关怀，主要体现在以人为本，关注学生的发展和需要。"人"是思政教育的出发点与归宿。推动思政教育走向人文关怀，首先要承认并尊重学生是具有独立人格的人、完整的人、能动的人、具有创造性的人。其次，把思政教育作为一种关怀学生，为学生服务的工作，在工作中既要坚持教育人、引导人、鼓舞人、鞭策人，更要做到尊重人、理解人、关心人、帮助人。最后，要关心学生内心的感受，倾听学生的呼声，了解学生的情绪，关心学生的疾苦，关注细节、关注需求，善于把握学生的思想变化、心理波动、学业困难、生活现状等，将思政教育做细、做活，弘扬学生的主体性，促进学生全面发展。

（一）凸显学生的主体地位

"教育主体论"从 20 世纪 80 年代开始成为思想政治工作者的一种共识。思政教育必

---

①吉海霞. 试论高校思政教育融合人文关怀的措施［J］. 教育教学论坛，2017（42）：30.

须尊重学生的主体地位，激发他们的主体意识，相信学生是具有积极的能动性和创造性的，是具有潜在发展性和现实生成性的特定人格的人。凸显学生的主体地位，让学生在学校的育人、管理、服务等方面都积极参与，主动加入思政教育各环节，发挥主体作用。

学生有权参与学校管理的全过程，并做出对自己有利的选择，避免只注重对学生行为的规范和学校教育秩序的稳定。要充分利用好学生朋辈的教育资源，依托学生群体内部资源实现自我感知和引领。同时，学生社团、学生组织以及"学生自组织"是基于学生按照行政划分、志愿兴趣、共同任务等结成的组织形式，是凝聚学生、动员学生的重要方式，具有群众性、生动性等优势，在学生学习生活中发挥着越来越显著的作用。通过学生社团与学生组织，可以进一步丰富思政教育的载体，贴近学生的生活需求、能力需求、素质需求、情感需求，提升影响力与覆盖面，增强渗透力和吸引力；可以依托学校丰富的资源，发挥学生在学生社团与学生组织中的主动性和创造性，构筑"百花齐放、精彩纷呈"的文化氛围。因此，必须进一步抓好学生社团与学生组织建设。通过加强规范管理、帮助搭建平台、提供资源与指导等，扬长避短，发挥其在促进学生"三自教育"中的积极作用。

（二）满足学生的成长需求

在科学发展观指导下，我国学生工作提出要以学生为本，更加注重学生多样化的需求。尊重学生的兴趣，满足学生的需求，学生工作应该从重管理转型到重服务，从规范学生转型到为了学生。

高校学生日常工作量多面广，学生基数大，导致辅导员经常需要处理大量烦琐的日常工作，在实际组织管理中容易出现严格按照制度开展工作，忽略了人的情感因素，以灌输式、教导式的形式达到思政教育的目的，忽略了学生的需求。学生工作必须尊重、正视和研究学生需求，并要把握学生个体、学生群体的不同需求，才能从根本上提高辅导员工作的实效性。

思想政治工作应该从学生需要什么、喜欢什么的角度出发，倾听学生的呼声，关注细节、关注需求。善于把握学生思想变化、心理波动、学业困难、生活现状等，主动挖掘学生的需求，特别是不主动表达的学生群体。然而，识别、发现学生的潜在需求与偏好，把握需求与偏好的动态过程，不仅需要大量的信息，更需要敏锐的洞察力，需要智慧与灵感。在学生特点的需求瞬息万变的时代，只有通过发挥各方面的力量，才能造就一个灵活、智能的思政教育体系，才能不断解决面临的新问题。

（三）尊重学生的独立人格

思想政治工作说到底是做人的工作，需要"情"和"理"并用，以真挚的感情启迪人，情理交融，循循善诱，坚持以人为本。关注"现实的人"是人文关怀思想的出发点。充分认识学生这个完整的生命体，看到学生是有思想、有情感的活生生的人。只有立足于人，从现实的人出发，从人的现实需要出发，并最终回归于人，回归于人的发展上来，才能真正提升思政教育的实效性。尊重学生，要避免居高临下，以师长的姿态来教育学生，以刺激性词汇来管教学生。要避免对学生进行分级分层，避免标签化管理，要善于发现每个学生的闪光点，客观公正地看待每名同学。保护学生尊严，对家庭经济困难、学习困难、后进生等特殊群体的学生要注意隐私的保护，帮助他们克服欠缺的方面，不断完善自我。

二、高校思政教育的科学管理

（一）隐性教育

所谓"隐性教育"，指教育者为了实现其教育目的而实施的不为受教育者明确感知的使受教育者能在不知不觉中受到教育的一种思政教育的类型。强调教育过程通过合理设计和恰当载体增强教育目标与内容的隐蔽性、增加教育过程的愉悦性、增大教育途径的开放性、延长教育节奏的渐进性、发挥教育接受的自主性，以生动活泼、喜闻乐见的形式，寓教育目的于学生日常的学习生活以及活动过程，实行隐性教育和显性教育有机结合，以"潜移默化""润物细无声"的方式对学生的思想、观念、价值、道德、态度、情感等产生影响，使他们在不知不觉中受到熏陶。长期以来，我们更多强调显性教育，强化显性课程，但隐性教育的作用和潜能还未得到很好的重视和发挥。

从思政教育方法上看，隐性教育是相对于显性教育而存在的，其特征表现在：①教育境界上追求的是"潜移默化"和"润物细无声"；②教育目的具有潜隐性；③教育功能具有浸润性；④教育内容具有渗透性。隐性思政教育的目的和内容并不像显性教育那样直接和外显，并非思政教育第一课堂上以授课的形式给学生灌输道理，也并非通过思想政治教师直接向学生传授教育内容，而是将教育的目的和意向隐藏到学生的学习、生活和各种活动之中，隐藏到学生生活学习的环境中，以含而不露的方式，引导学生自然融入学校创设的教育情境中，使其在不知不觉中接受熏陶和影响。隐性思政教育是一种潜隐的、间接的、渗透式的教育。

1. 隐性德育课程

隐性德育课程是指隐藏着思政教育目的，以潜移默化的方式发挥着思政教育功能的课堂，可以涵盖自然科学课程、人文社会科学课程以及专业课程，也就是今天大力提倡的

"课程思想政治"，即课程思政。自然科学中渗透着科学道德和锲而不舍、坚忍不拔的探索精神，人文社会科学中贯穿着民族精神、爱国主义等思想，这些隐蔽的、无意识的、非正式的教育因素，对于培养学生良好的思想品德和健康的心理素质都具有难以估量的作用。专业课教师对学生的影响非常大，其在专业学术上的造诣常受学生的崇拜，进而延伸到崇敬专业课教师个人。因此，专业课教师应该利用自身的优势，在专业课程上不失时机地渗透正确的社会价值观念、专业道德等，还可以通过个人人格的魅力感染同学，引领同学对专业知识的探索、对科学精神的追求，甚至生活态度的积极向上。

2. 校园文化环境

校园文化环境，是开展学生隐性思政教育的主要空间和载体，包括校园物质环境和校园精神文化环境。

校园物质环境是由校园建筑、道路、植物、文化设施、内蕴育人信息的人文景观等构成的空间场所，大学深厚的历史沉淀在校园物质环境中都有不同程度的体现。如学校建筑，本身承担着教育功能，结构设计、建筑外形、功能变化、名称等都可能有背后的故事，同时在悠长岁月里发生在其中的人物、事件等都有可能成为教育学生、启发学生的资源。构建充满真情实感、人文关怀的校园环境，其所内隐的文化、信息和历史等都在以无声的方式影响着学生的思想。学生生活、学习在校园里，对校园环境总有着自己的解读和理解，从而内化为对学校精神文化的认同。更进一步，校园物质环境中所体现出来的精神，可以被转化为学生个体的精神，从而起到以境化人的隐性教育的作用。

校园精神文化环境是指大学的精神、大学的文化传承与创新。一所大学的精神文化，指引着身处其中的人们的思想观念、价值追求和行为方式等，这是一种潜在的、无形的却又无处不在的教育因素。大学精神可能就包含学术精神、人文精神、科研精神、批判精神、爱国主义精神等，不仅可以引领校园文化的主流，还可以激发学生的理性，提升学生的思想境界，完善学生的人格品质。如搭建校史校情的课程体系，通过正规的第一课堂、"形势与政策"课堂、报告会、参观展览等多种方式，让学生了解学校的过去和未来，在润物细无声中影响学生的认知，给学生深刻久远的启示。

教育的力量能绕开意识的障碍使学生在不知不觉中接受影响，它虽然在某时某刻不一定让学生直接地完整地捕捉到，但它确实是无时不有、无处不在，使学生一置身于这样的文化氛围中，就受到一种无形的精神感染、吸引和改造，起着滴水穿石、聚沙成塔的积累式的教育作用。

3. 渗透教育方式

学校培养学生全面发展，为学生构建了丰富的第二课堂活动，搭建了多样化的育人平台，层面多样、内容广泛、形式新颖，参加者选择性强、自主性高，在寓教于乐的过程中，学生的自主性得以发挥，从而潜隐在活动中的思政教育因素会发挥作用，以极其自然的方式积淀到学生身上。

校园文化活动通过对活动的合理设计，运用多种喜闻乐见的方式，让学生积极主动地参与活动、享受活动。在愉悦的氛围中，与思政教育相关的因素如人生哲学、伦理规范和理想道德等，会以一种渗透的方式浸润学生，使学生在温馨愉悦的氛围中成长。

社会实践在 21 世纪学生培养中有着非常重要的作用，不同于大学专业知识及技能等方面的培养，社会实践对学生综合素质的提高存在着潜移默化的影响，其作用不可替代。将学生个体置于整个国家与民族的背景之下，置于历史与时代的维度之中，社会实践对学生在更大范畴上具有意义，在更广义的高等教育中扮演着角色。大学生作为即将进入社会并在未来发挥重要作用的群体，通过社会实践活动，将个体与社会更为紧密地联系起来，社会日新月异的进步与民族复兴道路上发生的深刻变化，他们将获得亲身经历甚至参与创造的机会，其参与感与自豪感会让他们切身体验到国家在党的带领下所创造的辉煌成就，爱国的情感和承担民族复兴重任的使命感随之而来，形象且深刻，这将成为大学生努力学习积极回报社会等正能量行为的动力。

通过参与丰富多样的社会实践，大学生的社会阅读能力和解决实际问题的能力会得到充分发展，其对理想和价值观的认识也不再抽象与片面，从而坚定当代大学生对其远大理想的信念和自信。在行知结合中，学生原本相对稚嫩与单一的世界观不断成熟和完整，优秀的品格和个性在与外界的互动中形成良性的正反馈。

（二）柔性管理

"柔性管理"运用于思政教育，主要是要改变以往管理模式单一化和刚性的特点，讲求管理模式的多元化，展现人本性、情感性、间接性等特点，坚持个性重于共性、肯定重于否定、身教重于言教等基本原则，采用教育、引导、支持、激励等工作方式，不断增强学生的接受度。它是在思考现状与刚性管理弊端的基础上，结合现阶段思政教育所处的时代背景提出的，旨在进一步体现思政教育的"人文关怀"理念，引导一种更完美的教育境界。这也是贯彻落实科学发展观，提高思政教育科学性、增强思政教育实效性的重要内容。

1. 以目标确定为学习动力

新时代多样化的学生特点，已经把思政教育的核心作用体现为：促进学习，激发灵感和洞察未来。激励、综合、协调学生以个体或团队形式，按照思政教育的目标进行努力，从而以更高的视野认识自身发展。在教育过程中，多激励，少打击；多肯定，少否定，通过正向的积极的鼓励，增加学生自我学习的动力。要善于发现学生的特长和优点，尊重学生的个性，理解学生个体的差异性，鼓励学生多元化发展，不要用一种发展模式要求所有学生。

通过这样的一种目标确定，可以将学生激发成为思政教育的动力，而不仅是工作对象；可以将学生的创新能力整合到学生工作的统一战略目标之中，从而使学生的发展、思政教育的优化能形成有机统一，促进思政教育的良性循环。

2. 以学生需求为价值导向

传统的思政教育观念，是供给创造需求。只要能提供服务，就会有学生参与，教育就会有成效，工作效果由辅导员的能力决定。在新时期，思政教育不仅要为学生提供服务，更要进行"供给侧改革"，主动丰富学生的价值取向的内涵，为学生提供更多成长成才服务，使学生在接受教育过程中能够获得更多的超值服务。

柔性管理就是将学生的需求与偏好放在首位，效果蕴含于学生对自身提高的需求之中，只要能将学生的需求与偏好转化为工作内容，工作成效就是这种转化的一种自然结果。同时，学生思想政治工作本身要求做好学生价值取向和文化客体选择的引导，使学生对服务的需求从被动接受向自觉接受转变。因此，柔性管理的关键在于确定如何创造提升学生价值的方案，如何解决学生所关注的问题的方案，以及如何将学生感知到的但并没有完全清楚表达出的愿望或需求，转化为可明确说出需求的工作内容。

柔性管理中强调个性重于共性，需要充分满足学生的多样化、个性化需求，将每一名学生都视为一个单独的工作对象，根据学生的特定需求来进行工作方式和内容的组合，其最突出的特点是根据学生的特点来进行工作调整，从而可以有针对性地向学生提供差异性服务，真正体现以人为本。这种以学生个体需求和偏好为导向的工作方式，对辅导员队伍能力提出了挑战。

第三节　高校思政教育的精细化与个性化发展

一、高校思政教育的精细化发展

精细化管理就是落实管理责任，将管理责任具体化、明确化，它要求每一个管理者都要到位、尽职。精细化，包含两方面：一方面，精，指精确、精准、精致；另一方面，细，指细分、细化、具体。精细化是一种专业提升、精益求精、追求卓越的理念和态度。而在高等教育内涵建设时代，在大力推进思政教育质量提升的今天，借鉴管理学的理论和方法，推动高校思政教育工作的精细化，也是题中应有之义。

（一）实施专业化细分

思政教育的专业化细分，是指对思政教育的工作目标、工作内容、工作对象、工作载体、工作方法等的分门别类，根据不同情况，采取各有针对性的举措，从而使思政教育对目标、内容、对象、载体和方法等有更深入了解，能更熟练、更专业、更有针对性地开展工作。高校思政教育目标宏观上是"培养社会主义合格的建设者和可靠的接班人"，中观上是培养具有高校特色的"高素质人才"，而在微观上，就辅导员工作来说，则需要一项一项工作地推进，将宏观和中观目标进行分解。

1. 细分工作领域

当前，随着高校规模的不断扩大，思政教育的内涵也日益丰富，使思政教育者的工作量不断增加、工作难度也相应增加。思政教育内容，从横向上看，涵盖了学生党建、奖惩助贷、心理健康、就业指导、团学建设、科技创新、志愿服务、社会实践等多个条块。从纵向上看，分为精神空间、网络空间和网下空间。

精神空间中，辅导员要关注学生的思想状态和心理状态，促进学生树立社会主义核心价值观念、养成健全人格；促进学生拥有健康心理，对于有心理隐患和心理问题的学生及时提供帮助。

网络空间，辅导员要做好学生上网习惯引导，学会正确使用网络，养成网络文明，防止学生陷入网瘾；关注学生"网络生存"状态，了解网络舆情，做好网络监管等。

网下空间，指我们平时所说的各类思政教育活动、科技创新教育活动、校园文化活动等。无论哪一个维度的思政教育工作，都应当按照条块进一步专业化细分。要引导和激励辅导员队伍专业化发展，鼓励辅导员结合自己的专业学科背景和兴趣爱好，结合工作分工和岗位职责要求，在学生工作某一个板块里"术业专攻"。

2. 细分工作对象

在服务学生全面成长的过程中，也要针对不同学生群体、学生的不同需求和不同发展阶段对服务对象进行细分，分类指导，因材施教。按照在校阶段的特殊性，可以分为本科生群体与研究生群体、新生群体和毕业生群体、高年级学生群体与低年级学生群体。按照特殊需要和特殊行为可以分为"特殊"群体与普通群体，"特殊"群体如经济困难群体、学习困难群体、就业困难群体、心理弱势群体、网络依赖群体等。不同社会经济背景、不同成长环境和成长经历的学生在思想、心理、行为等方面也会有不同的需求和特点，从而使学生呈现出不同的特质，包括志趣、爱好、心理状态、个性特征、气质等。通过比较和分析，探讨服务对象在行为和观念方面的特征及现状，分析其产生的原因，将有助于深入细致、富有成效地开展工作，这也是进一步提高思政教育针对性和有效性的立足点。

这里所讲的"特殊"学生，并非对学生另眼相看，不带有任何价值判断和意识形态，而只是对工作对象基于工作内容和要求不同采取的一种归类方法。所以，在实践工作中，要注意保密，保护学生个人隐私；思政教育工作也要避免公开使用"特殊学生"这样的字眼，否则就可能引起其他人对这部分学生的歧视和偏见。

针对不同年级、不同学生群体、不同特质个体，在具体工作中的目标是不一样的。比如对于学习比较好的学生，可以进一步拓展其知识面；对于学业困难的学生，辅导员的工作重点则是帮助其树立信心、找到适合他的学习方法，帮助其顺利完成学业，这个时候"追求全面发展"可能成为退而求其次的目标。对于不同年级的学生，思政教育的重点也要有所区别：对大一新生，要重点抓好适应性教育、热爱专业、校史教育等；对大二学生，侧重抓好理想信念教育、道德教育和职业生涯规划教育等；对大三的学生，要注意抓好个人选择定位、情感恋爱方面的心理健康教育等；对于大四学生，则以职业道德教育为主。这就要求辅导员在日常工作中要善于抓住重点、找准问题关键、区分事情轻重缓急，不断因时、因地制宜地开展工作，从而使目标定位更加合理、工作计划更加贴近实际。

在工作领域细分的基础上，要进一步结合工作对象细分，坚持"做精、做细、做实"。如学生职业发展与教育，不仅可以对不同年级的学生进行细分，开展阶段性职业教育，还可以对不同就业取向、不同就业能力、不同就业困难等进行细分队形，进而开展有针对性的辅导。

（二）多维度协同育人

所谓协同，指的是系统中各个部分协同工作，协同效应则指复杂系统内各子系统的协同行为产生出的超越自身单独作用而形成的整个系统的聚合作用。随着时代的发展，学生的需求越来越多样、丰富和个性化，学生工作的内容越来越丰富，涉及的领域越来越广，思政工作日益发展成为多维度、多类型、多层次的有机整体，在解决具体问题时须践行协同育人，要加强多学科支持、多领域知识运用、多资源整合，注重新方法、新技术的运用，将多学科知识、方法、平台、资源予以整合优化。

1. 多学科支持

（1）思政教育应该遵循科学性，结合教育学、心理学、社会学、管理学等相关学科的科学规律，来分析了解学生成长的规律、学生教育的规律以及思想政治工作的规律。

（2）随着时代的变迁和学生群体特征的变化，学生思想政治工作的复杂性和综合性不断增强。面对一个复杂问题，单纯依靠思政教育本身往往无法解决，要善于吸收和借鉴管理学、社会学、法学等领域的研究和工作方法，甚至需要社会上专业力量的介入，共同研究解决方案。

2. 跨学科应用

如果说"多学科支持"强调辅导员"一专多能"的话，那么"跨学科应用"就是强调"团队作战"。借鉴管理学上的"项目管理"理论，在思政教育工作中，也可以以任务、项目为导向，组织工作团队。比如，近年来很多地方教育主管部门和高校正在努力探索实施的"辅导员工作室""辅导员小组""辅导员梯队"等，就是将不同学科背景、不同工作领域、不同工作经历、不同年龄段的辅导员组合在一起，实现优势互补，从而形成一个跨学科的工作团队。比如，在学生危机事件中，既需要心理辅导员，也需要危机公关专业人士，可能还需要法律顾问、网络监管人员等，如果能将具备这些专业能力的辅导员聚集到一起，这样的团队必将极大提升工作执行力。

3. 多资源整合

育人工作是一项系统工程，大学人才培养仅依靠单方力量无法实现，更需要高校各方面的共同努力，以及家庭、社会各方资源。当前很多高校都在积极采取措施，努力推动"全员育人"机制的构建，构筑起包括高校党政管理干部、共青团干部、思政理论课教师、辅导员、班主任、专业课教师、朋辈等主体共同参与的全员育人格局。每个主体在学生的思政教育方面都有自身独特的优势，如第一课堂的专业课教师可以将德育的目的和主题隐含于专业教学中，由说教转变为渗透，实现润物无声；朋辈主体中高年级同学担任"小班主任"可以拉近辅导员与学生的距离等。应该围绕人才培养的核心，充分利用各主体的优势，整合各部门的资源。除了校内资源，校外资源包括家庭、企业、毕业的校友以及社会知名人士、学者等都应该统筹到全员育人的框架里，让各方力量成为思政教育的主体，发挥其主观能动性，为学生搭建起和谐的育人环境、校园环境、家庭环境、社区环境、同辈环境等，发挥这些环境的积极作用，为思政教育工作所用。

4. 新技术支撑

思政教育的精细化，必须强调科学技术和教育手段的支撑。在技术上，要善于利用新技术和信息手段，使思政教育者能够更加全面、深入地把握具体情况，了解学生思想动态，提高思政教育的科学性、针对性和实效性。重视信息手段和科学方法的运用，可以为思政教育提供新的思路和手段。顺应信息化趋势，依托信息科技和新技术，移动终端、电脑以及新媒体等，主动占领新媒体阵地，发挥新技术对思政教育的促进作用。如一些高校逐步开发新型移动智能终端平台，整合校园各活动组织方发布信息、管理活动，便于学生获取信息、管理生活和学习。慕课是目前流行的网络课程，思政教育也可以结合慕课、TED 或者"微课"的形式，开展灵活新颖的授课或活动。在信息化和大数据时代，收集整理日常数据，利用专业工具进行数据分析，获得数据背后的信息。利用好大数据分析的方法，能够从大量烦琐的日常工作中，获取更多的信息，进而促进工作的科学性。

（三）要坚持问题导向

在专业化细分的基础上，要坚持问题导向，鼓励针对相关领域的实际问题加大调研分析力度，加强理论研讨与实践，并提出合理有效的解决办法。将学生纷繁复杂的问题进行合理的分类，深究其原因，掌握同类问题的规律性，形成一套解决同类问题的基本方法，总结提升并运用这些方法指导思政教育工作的开展。

1. 以学生需求为核心

"以问题为导向"强调的是一种"以学生需求为核心"的理念，实际上是对"以人为本"思想的实践。思政教育工作者要善于发现学生的"问题"，这个"问题"往往就是学生由于某方面因素而导致的外在的表象，比如学习成绩差、人际关系紧张、性格孤僻等，而导致出现这样问题的原因往往就是学生的某些"需求"没能很好满足。思政教育工作者可以根据"需求层次理论"，对学生的需求满足状况进行分析，查找原因，找出学生存在问题的根源，只有这样，才可能将工作做细；只有这样，才能找准学生问题的症结所在；只有这样，才能真正提高思政教育的针对性和有效性。而这样的工作思路和路径，正是促使思政教育符合教育本身规律、实现科学化提升的基础条件。

2. 以问题为导向

坚持问题导向是以学生问题为指引，分析其产生原因，并提出合理有效的解决办法。学生个体多元化的特征，决定了学生存在问题的多样性和复杂性，但学生作为一个群体，意味着这些问题必然具有共性特征，可以进行分类和整理。在工作对象细分的基础上，挖掘学生群体里的共性问题。如新生归属感问题、毕业生就业困难群体问题、农村学生问题、贫困学生问题、少数民族学生问题等；在工作领域细分的基础上，挖掘细分领域里的共性问题。如社会实践育人的有效途径、突发事件的正确处理、赴外交流学生的管理等；还根据问题发生的时间特点，划分为常规性问题和突发性问题等。通过对典型案例的剖析，从实际出发，以社会生活焦点、思想观念疑点、大众舆论重点作为切入点，以问题为导向，在事务性的具体工作实践中探寻规律性，将发现问题、研究问题、解决问题作为思政教育的逻辑起点及落脚点。

3. 固化工作机制

高校思政教育者要注重理论和实践相结合，不仅用理论指导实践，还应该从实践中总结提炼理论。在对问题进行分类整理后，要对问题进行深入研究。认真仔细分析问题产生的原因、问题涉及的对象特征等，有针对性地提出解决问题的方法。但解决具体问题并不是最终目的，而是应该总结掌握同类问题的规律性，科学地归纳出解决这类问题的基本方法，并进一步提升建立相应的工作机制。精细化意味着科学化、程序化、规范化，固化工作机制，让辅导员从一次次"救火员"的零散工作中解脱，通过完备的规章制度的导航和规范，用规章制度确保规范化和法制化的实现。

4. 开展深度辅导

"深度辅导"是心理学上的用词，在思政教育中也可以借鉴心理学深度辅导的做法，以问题为导向的精细化理念，建立思政教育深度开展的工作模式。把这些技术化、个性化的人才培养规律转化为现实性的可操作的实践体系，必须有终结性的因素发挥支撑、保障作用。当前，一些高校探索出"辅导员工作室""学生工作坊"等工作模式，提倡从"单枪匹马"到"团队合作"的转变，旨在强化问题导向，以"兵团作战"的方式对工作对象提供全方位的辅导和支撑，把教育引导工作做细、做深，做到极致，从而可以更加准确地把握思政教育中面临的课题的症结，理清脉络、对症下药，追求优质化成果，并在实践经验的基础上不断推进理论研讨，逐渐形成一套较为完善的操作规程和辅导理论，不断提升专业理论水平与实践能力，培养相关领域的专家。

二、高校思政教育的个性化发展

个性化，就是根据人们个体差异，在大众化的基础上根据个体特质的需要，形成独具一格、别开生面的状态。思政教育的个性化，指在对被教育对象进行综合调查、研究、分析、测试、考核和诊断基础上，根据社会或未来发展趋势，根据被教育对象的性格、兴趣、爱好、现状、预期等潜质特征和自我期望，量身定制教育目标、教育计划和辅导方案，从而促进思政教育为被教育对象更好接受、认同和转化为行动。

当代学生思维活跃，他们行为的独立性、选择性、多变性、差异性也明显增强，以网络语言为例，现在"原创""转载"等张扬个性、表现风格的词一直比较流行。教育者要充分认识到这种变化，尊重他们的多样性。由于受到家庭氛围和社会因素等的影响，每个学生的成长轨迹都不尽相同，性格特征、兴趣爱好、行为习惯、价值取向和人生规划等也千差万别。他们都有自己的想法，也有表达自身想法、张扬自身个性的权利。在思政教育中，个性化强调具体问题具体分析，而不应该按照一个模式、一种方法来开展工作，强调了解当前学生自身发展的新期待、新需求，承认学生的个体差异，尊重学生的个体需求，发掘学生的个性潜能，注重学生的个性弘扬，开展分类指导，提高思政教育的实效。

（一）尊重主体精神

教育，包括思政教育，归根结底是一种人的参与的活动，参与其中的人是主体。强调思政教育的个性化发展，首先，要强调和凸显参与其中的主体的主体性，也叫主体精神。在中国语境中，主体性、主体精神、主体地位、主体价值这些词往往是同义或者近似的，都强调对于主体的尊重，强调发挥主体的能动作用。

人可以有意识、有目的地支配自然和驾驭万物来满足人类社会物质的、精神和发展的需求，所以说人是主体。因为人能从事体力劳动与脑力劳动等各种社会活动，所以人能支配客体。"主体"是实践活动中的范畴，是实践活动的直接参与者，是实践活动中的人。在思政教育活动中，最主要的主体有学校、教师、学生、家长、社会等，而其中发生相互作用最多的无疑是教师和学生这两个主体，在日常思政教育活动中，"教师"群体中最直接也最主要的是辅导员，所以，强调思政教育活动的主体性，就是强调要发挥学生和辅导员的主体性。

高校思政教育中，强调主体精神，就是强调辅导员和学生都要积极发挥主观能动性，意识到自我的主体参与，积极创造条件完成思政教育这一实践活动。传统的强调"主体精神"往往单指尊重学生的主体精神，而不是说教师即辅导员的主体精神，似乎辅导员天然就是主体，自然而然就会发挥主体作用，其实不然。在当前思政教育日趋繁重、日益多样化、专业化、精细化的情况下，不仅要强调学生的主体精神，也要强调辅导员的主体精神。

1. 学生主体

尊重和发挥学生的主体精神，就是要调动起学生作为思政教育活动主体或者说主人翁的意识，不仅作为受教育者，而且作为教育实施者；不是被动接受教育、完成任务，而是主动策划任务、实施任务、保障任务完成；不是单纯地、简单地参与教育过程，而是积极、能动、创造性地参与教育过程，促进教育过程的顺利开展、有效开展和有特色开展。为此，要注重发挥学生的主人翁性、积极性和创造性。

（1）主人翁性。人们主体意识的每一次觉醒和进化都反过来推动社会的发展，促进人类的进步。教育是主体性生成和发展的重要机制，但是教育必须以个体主体性的发展水平和特点为依据，遵循个体主体性发展的规律，才能更好地促进个体主体性的发展。思政教育要入脑入心，本身就不仅是一种知识和信息的交流，而更重要的是情感和思想意识的交流，所以，思政教育中调动学生的主体意识，调动起主人翁精神，就是要将学生调动起来，以平等的姿态，将教育者和被教育者、将信息发出者与接受者置于同一平台，进行信息交换和情感交流，以此实现辅导员对学生的影响，同时实现学生之间的相互影响。在思政教育中，强调学生的主人翁精神：①进一步唤起学生的主体意识，发挥"朋辈教育"功能，通过形式多样的载体，将学生群体中那些"正能量"传播出去，更好地影响周边的学生；②引导学生以主动配合、合作、共享的姿态，接受学校和教师的教育，而不是消极接受甚至抵触。

教育学上的"朋辈教育"，指具有相同背景或是由于某种原因使具有共同语言的人在一起分享信息、观念或行为技能，以现实教育目标的教育方法。而在思政教育工作实践中，朋辈教育指由学生自己来充当施教者，用自己的言语、故事、事迹、行动来传播"正能量"，发挥示范作用，来带动身边的其他学生一起进步。

教育活动是一个合作互动的过程，如果受教育者消极抵抗，那么教育效果将大大受到影响，甚至教育活动本身也不能顺利进行。在价值观越来越多元化的今天，思政教育工作效果受到多种因素影响，往往有被消解的风险。所以，调动学生的主人翁精神，让学生以"主人"的心态来看待思政教育工作，以一种"我的事情我做主""我也是教师""我要分享我的成功"等类似的态度来参与教育的过程，这样才能达到事半功倍和"入脑入心"的效果。

（2）积极性。基于青年学生的心理特征和代际差异，在实践中，部分学生对于思政教育工作往往存在消极应付心理，认为思政教育活动可有可无，打心里不情愿、反感或厌烦。因此，调动学生参与思政教育工作的积极性，目的就是要改变这些学生对于思政教育活动的抵触情绪和厌倦心态。这一方面需要不断提高思政教育活动本身的吸引力；另一方面，还要通过其他手段调动这些学生的积极性。调动积极性可以重点从以下三方面入手：

第一，重要性引导，即要进一步凸显思政教育活动的重要意义。这种重要性不仅指基于教育工作本身的价值，更要强调其对于青年学生的实用性，即要凸显这些教育活动对于学生本身是需要的、是有现实意义的。这就需要在教育活动实施过程中，要更多地寻求教育素材与学生成长成才需求和学生心理特点、学生群体兴趣点等的契合度。

第二，成就感维持。人们主体性的重要体现就是人们在实践过程中能获得存在感、成就感、幸福感，体验到作为主体存在的价值。所以，要长时间维持学生对于思政教育活动的积极性，应当使学生在参与思政教育活动的过程中能找到其价值，能获得成就感和存在感。所以，一些共享、分享、诉说、展览、展示型活动，就是体现成就感的有效形式，类似活动可以多开展一些。

第三，丰富和创新工作载体，即要通过适当的载体来激发学生的积极性，来维护这种积极性。比如，学生社团这种组织形式，就是一种载体，通过让学生自由组合和"三自教育"的方式，可以比较长时间地激发和维持学生的积极性。再比如，适当的奖励和表彰也是一种增强积极性的手段，诸如此类，但要灵活应用。

（3）创造性。教育活动中学生主体意识的另一个重要表现是创造性，即学生不仅参与教育的过程，而且还有创新，对于教育活动有所贡献。这不仅实现了对于学生积极性的激发，也促进实现了成就感，同时还使教育活动本身具有了创新性和特色性。在信息化、网络化时代的今天，许多传统的思政教育活动通过网络和新媒体平台进行开展。辅导员不可能掌握全部信息化手段，而调动学生参与制作新媒体、网络育人平台等，就不仅使学生本身受到了教育、体现了价值、获得了锻炼，而且使思想政治工作也实现了创新。

此外，在教育活动选题、策划、实施过程的组织、管理、宣传、总结、表现形式等方面，也可以积极发挥学生的创造能力，从而促进思政教育工作主题鲜明、形式新颖、生动活泼、受到欢迎、起到实效。

2. 辅导员主体

辅导员是思政教育工作的主要实施者，其工作内容繁杂，工作对象价值观多元、性格多样，工作成效评价方式很难量化和具象化，这样的工作性质决定了辅导员工作是一个主观性、社会性、属人性很强的工作。因此，辅导员工作具有个性化的特点，对于同一个工作，不同的辅导员，其工作理念、工作思路、工作载体、工作方法和工作成效都可能不一样。因此，尊重和发挥辅导员的主体意识，强调其主体精神就具有重要的现实意义。

尊重和发挥辅导员的主体精神，就是思政教育工作的现实需要。长期以来，在思政教育工作实践中，始终是强调辅导员个性化开展思政教育活动的，而当前强调尊重和发挥辅导员的主体精神，要强调以下要点：

（1）允许和鼓励辅导员创新工作。思政教育工作有很强的政治性和政策性，要求辅导员应当严格贯彻党的教育方针，认真落实各项教育政策，积极地将思政教育的要求落到实处，切实促进学生树立社会主义核心价值观。因此，从这一点上讲，辅导员工作是不能随意"发挥"的，无论教育内容还是活动主旨都应当紧扣思政教育的要求，辅导员可以创新、创造的空间主要在于教育的方法、形式、载体、手段、平台等方面。辅导员不仅可以创新，而且应当不断创新，将思政教育工作常做常新。在实践中，要允许和鼓励辅导员按照党和国家要求，按照学校要求，围绕育人目标，在思政教育活动的策划、组织、过程控制，思政教育的具体内容、平台、载体等方面进行专门的设计，体现出新意，增强吸引力和感染力，增加教育活动的生动性和互动性，从而增强育人效果。

（2）为辅导员个性化工作提供保障。鼓励辅导员在思政教育中创新创造，要建立必要的保障机制，除了资金和物资保障外，更应营造鼓励辅导员创新的氛围和制度设计。比如，同济大学每年拿出一定资金，专门用于评选"院系学生工作创新案例"，具体又分为"主题创新""方法创新""载体创新"等，通过评选表彰的形式，激励辅导员积极开展工作创新，这样就形成了很好的鼓励辅导员个性化开展工作的氛围，不仅可以促进学生工作不断涌现一些新的亮点和特色，也有利于促进思政教育工作成效的提升。

（二）尊重个体差异

尊重个性化，是"人本主义"的直接体现。人本主义教育思想产生于20世纪30年代的西方，其核心理念有两点：①人是不可分割的整体，想了解人、研究人必须从整个人着眼；②每个人都有自己的需求与愿望，有其自己的痛苦与快乐。尊重学生的个体差异，是实现思政教育个性化开展的重要前提。

1. 知人善育，正视个体差异

尊重人必须以知晓、了解、接触人为基础，所以，尊重学生首先要正视学生，要面对学生这个"客观存在"。学生的个性化是建立在共性与个性并存的基础上。现在在校的大学生适逢经济全球化迅猛推进、社会环境巨变的时期，他们接触新事物多、信息面广，思想活跃、思维敏捷，观念新颖、兴趣广泛，主体意识、独立意识、参与意识和担当意识强，服从意识减弱，单向的灌输阻力增大，这是当代学生共同的特点。同时，学生的家庭背景、生源地、成长环境、心理素质等方面有着很大差异，按照学生呈现的特点以及学生全面成长的过程中的不同阶段，大致可以分为不同类型的群体，群体间差异较大。此外，在群体共性的基础上，又因为学生个体的成长经历、个人秉性、兴趣爱好、自身素质等方面各不相同，群体内部的学生个体差异性也很大。他们的人生目标千差万别，接受能力有强有弱，价值取向更加多元化。因此，这就需要辅导员能够尊重每名学生的个性，并能够有针对性地开展一对一的工作，要因材施教，引导学生成长成才，并保持其独特鲜明的个性特征。

正视学生个体差异，要求思政教育工作者必须正确对待学生身上存在的缺点与不足。思政教育工作者要有包容之心，不应仅凭个人好恶。因此，能否一视同仁地对待每一个学生，已成为考验思政教育工作者的一个重要课题。正视学生个体差异，还要求思政教育工作者能够想方设法帮助学生，指出其不足、提供改进建议、帮助其改正。正视学生的个体差异，还要求思政教育工作者能帮助学生积极弘扬其优点与长处，无论是良好的个性特征，如开朗、活泼、勇敢、有创造力等，还是一定的素质特长，如艺术天分、文体特长、科研能力等，扬长避短，促进学生进一步拓展其优势，促进学生更好地成长。

2. 因材施教，体现层次差别

个性化的工作方法强调尊重教育对象即学生的主体地位，结合学生的实际情况和个体差异，尊重学生的个人秉性、专业背景、认知水平、学习能力、自身素质等方面的个体差异。学生工作要从实际出发，要根据工作对象、背景条件、环境特点、教育目的等实际情况，从对象的不同个性和成长规律出发，因人、因时、因地制宜，实施不同的教育内容，采取不同的教育方法，具体问题具体分析，把工作做到每个人的心坎上。

在目标设计等方面体现层次差别，因人而异，因材施教。由于个性的差异，每名学生想要的人生目标各不相同，有的想在专业领域做出一番成就；有的想锻炼自己全面发展，从而更好适应社会；有的就想出国深造体会不一样的文化；等等。也正是由于个性的差异，思政教育开展的过程中，教育者对每名学生的目标设计也应该体现出层次差别。如喜爱钻研、动手能力强的同学，可以鼓励在科技创新方面有所建树；学习成绩优异、热爱科研的同学，可以鼓励到国内外知名学府学习，在专业领域实现自己的理想；学习成绩一般，但人际关系特别好的同学，可以在领导组织、协调和领导能力方面多加锻炼。

（三）弘扬学生个性

现代社会造就了一批具有较强主观意志、独立意识的年轻人。在学生中更是存在着强调个性自由、强调自我独立的群体，他们的思想更加复杂、价值观更加多元、个性更加张扬。在思政教育过程中，既要加强学生的全面发展，又要尊重学生合理的个人追求和个性发展，重视他们在学习与生活、物质与精神、情感与理智等方面多元化、多层次的需求，重视学生的个性特点，促进学生的个性发展，最大限度地开发学生的发展潜能。

鉴于目前社会对人才多元化的需求，更应关注学生个体的差异以及个性发展的不同需求，关注学生多方面的发展，尤其是社会责任感、创新精神和实践能力的发展。充分尊重学生自我，激发学生主动参与，鼓励学生主动探索，积极创造条件，为他们的兴趣、爱好和特长提供充满选择和发展空间的学习与教育环境，允许学生适当的个性张扬和"奇思妙想"，使他们获得良好的个人心理体验和感受成功的契机与载体，促进学生个性发展和个人梦想实现。如部分院校针对学生个性化需求，提出"学生有梦想，我们来实现"的理念，通过提供资金、场地、物资等，创造平台帮助学生圆梦。

第三章　高校思政课教学体系与育人方法探索

第一节　高校思政课的重要地位与原则分析

一、高校思政课教学的重要地位

在高素质人才的培养，特别是政治坚定、理想远大、乐于奉献的人才的培养方面，大学生思政课工作意义重大。当下，我国的社会主义建设进入了新阶段，面临着新的形势和新的要求，在高校教育教学中，明确思政课的功能和地位，深刻剖析当下我国的思政理论教学的现状，只有这样，才能推动和促进未来大学生思政教育工作的发展，大力培养现代化建设所需的各类优秀人才。

（一）实施科教兴国和人才强国战略的需要

从人才的角度来说，大学生资源十分宝贵，是祖国和民族发展的未来和希望。因此，需要改进和加强高校的思政课教学，提升学生的思想政治素质，努力培养学生，使之成为中国特色社会主义的优秀建设者和接班人，在科教兴国、人才强国战略的实施方面十分有利，能够帮助中国更好地在国际竞争中脱颖而出，为全面建成小康社会、为加速推进社会主义现代化建设提供保障，保证中国特色社会主义事业的发展蓬勃向上。

科教兴国的提出有一定理论基础，那就是"科技是第一生产力"。要坚持教育为本，在社会、经济的发展过程中，始终将教育和科技摆在重要位置，增强国家将科技实力转化为现实生产力的能力，提升全民族的科技文化素质，转移经济建设的重点，使其更加依赖科技进步，帮助提高劳动者的素质，加速实现国家的繁荣昌盛。人才强国，最为核心的一点就是人才兴国，要依靠人才大力提升综合国力和国家的核心竞争力。

实施科教兴国战略和人才强国战略，是一项基础性工程，和国家、民族的未来发展息息相关，在加快推进社会主义现代化建设、推动中国特色社会主义事业发展方面，意义重大。任何战略都十分重视人才所能发挥的作用。人才是具有极大影响力的，除了会对经济发展大局产生影响外，对于政治发展大局也有着不可忽视的影响。站在创新这一角度来看，可以发现，一个民族发展进步，创新是核心，也是推动国家兴旺发达的重要动力。因此，在科技进步、经济社会发展、国家繁荣方面，人才都是第一资源，人才问题决定了国家是否能够长治久安、兴旺发达。关于人才这一问题，不仅要在培养使用方面有具体的政策，同时，在政治方面也要有一定远见。

在全面实施科教兴国战略、人才强国战略的过程中，都把教育放在了首要地位，教育的基础地位毋庸置疑。科技进步要以人才为基础，而培养人才则需要教育。不管是培养高素质人才方面，还是提升整个国家和民族的创新能力方面，教育的作用都十分重要、不可替代。中国作为一个发展中国家，要想实现经济社会的跨越式发展，教育是一项基础性事业。在社会主义物质文明建设和精神文明建设方面，教育作为基础工程地位十分重要。不管是提升全体人民的科学文化素质和思想道德素质方面，还是在培养社会主义事业接班人方面，意义都十分重大。

实施科教兴国、人才强国战略，不管是对人才的重视方面还是对教育的重要性进行强调方面，加强思政教育都是必须做的一件事。科技的发展对人才提出了更高要求，高素质人才的需求量迅速增长，其中，思想政治素质是最为根本的一项。要想培养出德智体美劳全面发展的优秀人才，其中十分重要的内容就是思想道德素质的培养。同样的，在教育的过程中，除了对技能和知识进行培养与积累，也要提升学生的思政素养。教育这项工程是系统性极强的，不仅从科学文化知识方面对人进行教育，在思政方面也给人以教育。从这方面来看，实施科教兴国战略、人才强国战略时，其中十分重要的一项内容就是加强思政课教学。

对整个国家来说，大学生作为人才资源十分宝贵，需要以此为依托对创新型国家进行建设，科教兴国战略的实施也以此作为生力军，可以说，整个国家和民族的未来与希望都寄托在大学生身上，中国特色社会主义事业的建设和发展也要以大学生作为接班人。与此同时，各种外来力量以及意识形态，也十分关注大学生，想要极力争取。也是因此，在科教兴国战略和人才强国战略的实施过程中，加强大学生的思政课教学非常重要，需要给予高度重视。

（二）高校学生健康成长的需要

从根本上来讲，进行思政课教学工作是源于社会和人的发展需求，社会要想顺利发展、个人要想健康成长，都离不开思政教育工作。人的本质属性的界定，主要从三个维度来看，即社会性、生物性、精神性。人的存在，是以生物性为基础的，人类和其他的生物之间也具有一定相似性，而生物性决定了需要物质能量来不断提供供给，其中涉及的关系主要就是人和自然之间的关系，因此，人需要不断地从事相关的物质生产活动，发展科学技术，提升工作效率，尽可能地通过自然获取物质能量，为人类的生存和发展提供支撑；与此同时，人的生物性决定了人也具有一些动物的特性，通常会最大化地追求自身的生理本能需要。

除此之外，任何一个独立的人格都要有自己的信仰、理解，对自由、自尊进行追求，希望能够获得独立。但是，建立信仰和理想，并对此实现，获得自由、独立、自尊，是由很多的条件共同决定的。这个过程本身也是对理论进行创新的一个过程，和人类社会的发展规律相符合，理论体系的建立是经历过漫长的历程的，其理论创新的过程也是相当艰辛的。与此同时，还需要借助于社会化过程，对其进行内化，使每个成员都自觉对其进行追求，要想实现这些，思政课教学工作的作用十分重要。

大学生正处于青春萌动的时期，自尊心很强，同时也十分追求独立。这些都是青年人独有的优点，也正是因此，大学生们才勇于创新，努力追求上进。然而，大学生毕竟阅历尚浅，自身存在很多局限，再加上多年来一直处在校园这样一个封闭的环境中，并没有深刻认识和了解社会，也没有经受过生活的各种挫折和打磨，在相关的知识和技能方面，了解和掌握得也不多，没有深刻体会。因此，需要建立起更加深入、系统的人生观、世界观，需要对此加强教育，要把人之所以为人的本质要求内化成为每个人的内在追求。因此，要想保证大学生能够顺利成长成才，就要结合青年大学生的实际情况，对高校的思政教育工作进行加强和深化。

未来，社会的发展对人才的需求也越来越多，要求也越来越高，那些具有高素质、全面发展的人才必将拥有更加广阔的天地，青年大学生要想获得成功，就必然要具备一些优良的素质品质，比如，百折不挠的意志、团结合作的精神、公平竞争的意识、民主法治的精神等。对高校来说，则需要调整自身的关注点，不能因为对专业方面的学习过分重视，就忽略了其他方面的教育，比如，心理教育、道德教育、政治教育、理想教育等，帮助学生打好基础，努力培养合格的社会主义建设者和接班人。

二、高校思政课教学的具体原则

"高校思政课根据不同的教学内容和教学要求采取不同的教学方法。"[①] 教学活动与其他生产生活活动有很大的区别，最主要是它是人类社会才有的实践活动。而且，教学活动

[①] 李霞. 高校思政课教学方法探析 [J]. 德州学院学报，2023，39（2）：106.

的开展需要遵守一定教学规范，并不是无组织无秩序开展的活动，教学制度、教学目标等教学原则是它必须遵守的。所以说，在教育理论中教学原则的作用十分重要。相应的，大学生思政课的教学原则也是该门学科教学活动正常、顺利开展必须遵守的规范和准则，是大学生思政教育课程客观规律的体现。对高校思政课的教学来说，正确把握和使用教学原则，有利于提高教学成效，推动这门学科的教学改革进程。

（一）思政课教学原则的意义

在思政课中，要始终把思政课的教育原则贯穿于教学全过程，始终遵循和坚持思政课提出的准则和原理，促进正常有序开展思政课教学活动，帮助实现教学目标和教学任务。

第一，为高校思政课教学活动的开展、教学目标的制定指明了科学的方向。思政课包含了系统的思想政治理论知识，鲜明的政治性和思想性是它的本质属性，是大学生接受政治思想教育的主要方式和来源，在教学过程中如何贯彻落实中国特色社会主义政治方向，坚持党的教育方针，直接影响到高校为国家和社会培养怎样的人才。因此，思政理论教学课程的原则是这门学科必须遵守的准则，坚持和把握这项原则，才能始终坚持贯彻落实中国特色社会主义的教育方针。

第二，影响思政课教学过程的实施。思政课教学原则作为教学活动的准则，在一定程度上决定着对教学内容、教学方法与手段、教学组织形式的选择，进而直接指导和调控着思政课的教学过程。

第三，促进思政课教学的科学化。思政课教学原则是思政课教学规律的体现。思政课教学遵循相应的原则而进行，就会符合规律性和更加科学化，其教学活动就会减少偏差和失误，变得顺畅而有效，反之，如果脱离教学原则的规范和要求，其教学活动就会失去科学性而难以取得实效。

随着时代发展和国际国内形势的变化，高校思政课教学的环境条件、任务要求、教学模式等将会出现新的特点和变化，与之相适应的教学原则也会总结、概括出新的经验，在发展中不断丰富和完善。这就要求在教学原则指导下的思政课教学实践必须进一步深化改革，不断探索与创新，这无疑有助于提高教学的科学化水平。

（二）思政课教学原则的特性

思政课教学原则，是指在我国高等教育中，根据思政课教学目的，总结思政课教学实践经验、反映思政课教学规律、用以指导思政课教学活动的基本准则，它是一般教学原则在高校思政课教学中的具体运用，是开展思政课教学必须遵循的基本要求。为进一步理解思政课教学原则的基本内涵，可以将其特性概括为以下方面：

第一，规律性。教学规律客观存在于教学活动之中，教学原则的任务之一就是要反映和体现教学规律。思政课教学规律就是教学过程中诸要素之间内在的、本质的、必然的联系。思政课教学原则之所以是指导思政课教学活动的基本原理和行为准则，就在于它反映了思政课教学规律的客观要求。因此，只有那些符合实际情况、真正反映思政课教学规律的原则，才是正确和科学的原则，否则就是错误和不科学的。

第二，抽象概括性。思想政治理论教学原则的形成是一个漫长、复杂的过程，不是对教学活动的简单总结，而是在教学实践活动中对思政课程的内容形成的系统化和理性化的认识，再经过更深层次的理论探索后诞生的产物。换句话来说，思政课教学原则形成的过程是从理论到实践再回归理论的过程，具有抽象概括性。

第三，规范性。思政课教学原则是思政课教学活动的基本要求和准则，因而具有一定的规范性，但它又非具体的教学规则或教学方法，而主要是对思政课教学活动中的根本性问题指明最基本的解决方式。因此，必须全面审视和分析教学过程中的基本矛盾。

另外，随着思政课教学经验的不断积累和人们对思政课教学本质、规律认识的深化，思政课教学原则也是动态变化和发展的，具有鲜明的时代特色。

(三) 思政课教学原则的依据

思政课教学原则的确定具有科学的依据，是在漫长的教学过程中总结而来，根据高校思政教育课程制定的教学目标和教学任务，加强深入探索教学规律逐渐形成并走向成熟的。可见，思想政治理论为它提供科学的理论依据，现实的政策则为其提供坚实的支撑。

第一，思政课程教学原则形成的主要、直接依据，是该门课程的教学实践活动，思政课程教学实践活动和探索教学实践规律的过程，是思政课教学原则形成的过程，还概括和总结了教学实践活动的规律、特征等。思政理论教学实践活动并非一成不变，人们开展教学活动也经历了漫长的过程，有过成功也有过失败，总结这些或成功或失败的教学实践活动，加深认识，并进一步深入，是先从感性认识到理性认识的第一次飞跃。此外，再回归实践，再次提炼和总结，便形成了对教学实践活动具有普遍性、科学性指导作用的教学原则。由此可见，思政课教学原则的直接依据是开展教学实践活动总结的经验，从教学实践活动中总结而来，再运用到指导教学活动中去，再次发挥指导作用的过程也是衡量教学原则正确与否的重要条件。

第二，思政课教学原则的形成依据，还在于古今中外的教学思想。此外，其间也吸收过去和现在、国内和国外的优秀教学思想和教学理论的精华，并逐渐完善。从古至今，我国非常注重教育问题，也形成了很多优秀的教育思想，发展到现代已经形成了百花齐放的格局，不同流派都具有各自特色的体系和观点，是国内思想政治理论教学原则的重要理论来源。

第三，思政课教学的客观规律，是思政课教学原则的根本依据。思政课只有遵循教学规律的客观要求，才能达到教学的预期目标和效果。作为高校培养方案中课程体系的重要组成部分和大学生思政教育的主渠道，思政课既具有其他课程教学的一般性规律，又具有自身的特殊性规律。换言之，正是由于思政课教学的规律性反映其系统内部诸要素（教育者、受教育者、教学内容、方法手段等）之间的本质联系，决定了思政课教学的科学性原则、主体性原则、层次性原则等；思政课与社会经济、政治、文化等外部环境内在的必然联系，决定了思政课教学必须坚持方向性原则、求实性原则、渗透性原则等。因此，思政课教学规律是思政课教学原则的内在依据。

（四）思政课教学原则的内容

思政课教学的具体原则，是理论联系实际这一根本原则的体现和运用。它是由多层次原则相互联系、相互作用而有机构成的一个系统。除适用于一般课程的教学原则外，还有因其自身特点而特别强调的具体原则。

1. 方向性原则

方向性原则，是指思政课要始终保持教育教学的正确方向。这一原则反映了高校思政课的根本性质和目的，体现了社会主义大学的本质特征。坚持教学的正确方向，既是思政课的价值所在，也是实现其价值的首要途径。在国际国内形势发生深刻变化的背景下，思政课坚持方向性原则显得尤为重要。

2. 思想性原则

思想性原则，是指思政课教学不仅使学生掌握一定的知识、理论，而且通过相关知识、理论的传授对学生进行崇高理想信念和科学世界观、人生观、价值观教育，提高学生的思想道德修养和政治觉悟。知识性与思想性的统一，是任何课程教学教育性规律的反映。思政课教学贯彻思想性原则，对教师有以下要求：

（1）明确教学目的，认真钻研教材内容。贯彻思想性原则是实现思政课教学目的的重要步骤。思政课教师作为直接实施教学活动的主导力量，应充分认识这一原则的内涵及意义，其核心在于通过相关知识、理论的传授对学生进行思政教育，提高他们的思想觉悟和认识水平，但决不能把思政课看成单纯地教授知识、理论。为此，教师要深入领会教材内容，准确而严密地掌握知识、理论的科学性和思想性，做到方向明确、目标清晰，并在教学过程中，抓住重点、难点，以知识、理论的科学性突出教学的思想性，努力引导学生形成正确的科学观点；同时，以教学的思想性引领学生对相关知识、理论的学习和把握，提高他们对是非、善恶、美丑的分辨能力，实现知识体系向信仰体系的转化。

（2）严格遵守职业道德，注重发挥人格魅力。思政课教师作为高校教师队伍的一支重要力量，是大学生健康成长的指导者和引路人。这一角色定位要求教师在贯彻思想性原则时，一方面，践行社会主义核心价值体系，遵守国家法律法规和教师职业道德，坚持学术研究无禁区、课堂讲授有纪律，帮助和引领学生形成正确的世界观、人生观和价值观；另一方面，要不断提升理论水平和人格修养，不仅注重以自己深厚的理论功底和深邃的学术魅力去吸引学生，更要注重通过自己的言行，以崇高的敬业精神和强烈的社会责任感，以及坦荡的胸怀、正直的为人、端庄的仪表去感染、熏陶学生，让学生在对教师的敬佩和信赖中自觉接受与认同相关知识、理论，并使他们通过教师的品行思考如何立志、树德和做人。

（3）紧密联系学生实际，讲究教学方法艺术。贯彻思想性原则的根本目的，是以知识、理论为载体对学生进行生动的、有针对性的思政教育，引导学生把知识、理论转化为正确的思想观念和科学的人生信仰。为此，教师要正确处理知识性与思想性之间的关系，既不能单纯地进行知识、理论的传授而不回答和解决学生的思想困惑，又不能脱离知识、理论片面强调思想教育而陷入空洞的说教。与此同时，要注重理论联系实际，根据学生的年龄特征和学习特点，通过多种多样的教学形式和方法，将思政课教学的知识性与思想性有机结合起来，充分发挥学生学习的主体作用，激发学生学习的积极性和主动性，最终使学生在知识、理论的学习、掌握上有提高，在思想、观念的转变、确立上有变化。

3. 启发性原则

启发性原则是指在思政课教学中，教师要注重营造宽松、民主、和谐的教学氛围，激发和调动学生的主体意识和学习热情，启发和引导学生积极参与和独立思考，促使学生对知识、理论的理解和掌握，提高分析和解决实际问题的能力。启发性原则是教学与发展相互影响和相互促进规律的反映，教学不仅要给学生传授知识和技能，还要促进学生的思维、意志、情感及创造力的发展。思政课教学贯彻启发性原则的基本要求，主要包括以下方面：

（1）发扬教学民主，确立学生主体地位。大学生既是思政课的教学对象，又是学习思政课的主体。思政课教学只有经过学生的思考、认同及内化才能发生作用，只有调动学生的学习积极性使其主动参与并接受教育影响，才能产生良好效果。这一特点要求思政课教学必须树立正确的学生观，注重营造民主的环境和氛围，激发学生的主体意识，尊重学生的主体地位。只有建立民主平等的师生关系，学生才可能真正做到自由地、充分地提问和独立地思考，教师的启发才可能是有针对性的和有效的。

（2）创设问题情境，启发学生积极思考。贯彻启发性原则必须做到有的放矢，否则，教学活动就没有针对性。而所谓的"的"，就是要根据教学内容，结合学生关注的社会问题或其自身的思想困惑，创设一定的问题情境，教师以非真理代言人和学术权威的角色，引导学生在此情境中质疑问题、积极思考和深入探究，使教学活动紧紧围绕提出问题和分析问题、解决问题而组织起来，并以此激发学生的学习兴趣，达到师生之间、学生之间的启发与互动。需要强调的是，问题情境的创设要具有新颖性、双向性和灵活性，并与思政课教学内容及学生的身心特点和思想实际相适应。

（3）运用多种方法，适当深化教学内容。贯彻启发性原则要摒弃机械和教条，而要以图文并茂、视听结合的问题形式来吸引学生的注意、唤醒学生的思维，以专题讲授、问题讨论、师生对话、案例分析、思维助产等多种方法激发学生的主体意识、引导学生的思考探究，从而要变单向灌输为双向互动、变注入式教学为启发式教学。同时，教学内容的选择和讲授要有适当的广度和深度，重点、难点要鲜明、突出，分析问题要深入浅出、循循善诱、有理有据，特别是教师独到的视角和见解，往往给学生留下深刻的思考和启迪。

第二节　高校思政课教学主体及其素质培养

一、高校思政课教学的教师主体及其素质培养

（一）教师主体的基本特征

思政教育是学校工作的一部分，却不是学校一部分人的工作，而应该是全体教育工作者的职责。从事思政教育的教育者不单是该科目的任课教师，也包括辅导员、班主任，以及在学校从事管理的教育者，此外，高校其他科目任课教师和各级领导对思政教育也起着重要引导作用。为切实提高思政教育的实效性，针对思政教育学科任课教师的培养必须足够专业，严守职业规章制度和培养流程，从而提升整个教师行业从业水平；针对非该学科任职教师，要提升教师队伍的政治素养和思想品格，让教师都能产生教书育人的责任感。教师在思政课教学中的特征，主要有以下三方面：

1. 德育特征

德育是教育工作者必不可少的品质，也是各个高校培养教育工作者的规范标准，是教师从事教学工作的原则。培养才德兼备的学生是各个高校的目标，但培养出优秀人才首要任务是选取德才兼具的教师。教师的品德是从业的基本准则，也是为人师表的前提基础。教师身份的确立离不开以德服人教育理念的内在价值体现，也包括了对从业准则的规范制定。树立品德是决定教师符合标准的内在衡量准则，是教师从业的精神典范；育人是评价教师合格的外界因素，是教师从业的责任所在。品德的确立和育人二者从"怎么做"到"行动内容"两方面诠释了教师从业者的职业原则，是为人师的中心思想。

树立品德和教书育人是高校教育工作者工作的重中之重，其原因在于教师行业的不可或缺和独特性。在"学生、学者、学术"高校的这三个重要组成部分中，学者身份地位越来越重要。学者既是教书育人的从业者，也是教授内容的开创者，如果学校没有了学者，那么学校也就失去了本质灵魂。学校的整体水平是由各位学者综合实力决定的，拥有品德高尚的学者自然能创造品德意识上乘的高校理念，教导出德行兼备的人才，创立品德至上的学校。所以，各个高校都很看重学者的主导作用，激发学者的自主精神，提高学者整体品德水准，构建具有浓重思想品德气氛的校园，确立德育在高校的主体地位。

各个高校都要以先"树立德行"，再"建立品格"为学校典范，这也是教师的重要工作方向。以学者身份出现在高校，要确立先建立自己品德而后再育人的理念。树立德行就是要构建社会公德、遵循职业品德、建立和谐家庭、树立个人德行，以"德"为基础，提高教师的内在精神品格，规范教师的行为准则，提升教师爱人之心、职业责任感和教师职业品格，传播知识并指导学生人生道路。育人品德就是培养学生拥有自主观念，不能一概而论地约束学生个性，让学生能够在坚持自我特色前提下，具备健康的三观、良好的心理状态和仁善的品格，最终成为对社会有贡献的优秀人才。

2. 人文关怀特征

教师的人文关怀不仅是培养教师品德的前提，也是确立人品性和为人的要因。高校要坚持以品德教育为基本准则，以人为本，服从人类实际需求，逐步满足人们的全方位进步，努力解决高校教师的各种困难，实现生存和价值共同发展，让教师能够在日常工作中获得成就感、自我认同感，体现自我价值。要时刻关注教师的心理状态、生活环境和工作情况，尽可能地实现教师的利益需求、心理需求，做好教师的后方保障工作，让教师全力进入工作状态，满足精神世界、提高生活品质、自身价值。高校教师的重要职责是要坚持以人为本的教育理念，提高个人知识储备的同时提升自身吸引力，良好地解决师生地位差距，塑造良好的师生气氛。学校教师要时刻关心学生、尊重学生，创建一种理解、互助、容纳、通达的教育状态，让学生能够充分发挥自我个性，自由成长，教师能够作为学生的引路人、朋友彼此陪伴。学校教育从业者要自觉提高个人知识水平，掌握多种教育方法，提升个人教育方式，尽力打造出有包容心和自我观点，且具备良好的文化水平，能够选择有益身心的文化形式的优秀人才。

3. 引领特征

随着当前社会环境发展，整体教育环境和受教方都有所改变，那么原有的教育观点、教学手段和教学工具都要随之改变，要跟上发展的脚步，打破旧规，保留精华。

（1）教师要转变教育观点。当前时代受到各种思想潮流同时冲击，不仅要求同存异，尊重多元化，而且要尽力从各类思想潮流中选取正确的作为标杆，在变化中能确立正确方向，保证教育观点的前瞻性和主导地位；教育者从管理身份转变为提供服务角色，从事思政教育的工作者要学会放低身段，打破固有身份地位的限制，在尊师重道的前提下，更注重教师的主导观念，提升参与感。同时，要着重培养品德，将品德作为衡量教师工作水平的重要标准和原则。

（2）教育手段要与时俱进。改变以往的固有教育模式，逐渐形成因材施教的教育方法，教师从单纯教授转变为与学生沟通讨论模式，增加各种教育方式，施教中要学会以理育人、以情动人、以德教人，充分让教师体会到思政教育的作用，感受到强大的指导作用，全身心投入思政教育的工作中。

（3）增加教育传播工具。当前时代发展下，媒体的不可或缺性在教师群体中凸显出来，学校应该及时通过互联网、手机等方式，扩大受教范围，从而提升思想品德教育普遍性和日常化。学会通过各类互联网资源，打造网络环境，加大网络普及力度和提高教育传播标准化、专业性水准。打造符合当前社会现实，与学生生活密切相关的网页、微博，传播内容以积极正能量、知识全面、乐观向上为主；传播形式要多元化、独特性、新鲜感兼备，兼具文化内涵和传播范围，同时有底蕴和新鲜感，创建思维碰撞的互动场所。目前"自媒体"处于发展高潮，要注意培养师生选择媒体的精准性，指引师生以高尚品德为前提发挥自我个性，实现自我价值。

（二）教师队伍的建设探索

1. 教师队伍建设的意义

（1）帮助教师顺利地完成历史使命。随着全国教育的发展，高等教育逐渐实现大众化、普遍化，因此，高校的思政课程在提升民族思想素质水平和社会素养层面的主导地位逐渐凸显。面对各项专业人才的养成，思想政治理论教育是培养人才的任务中一门前提学科。要让各类人才成长为全面健康发展的社会人，思政教育是必不可少的环节。大学生日后会成为推动祖国发展的优秀人才，他们中的一部分会从事科技工作，一部分会成为企业带头人，还有一部分会成为各级别的组织引领者。对他们开展的思政教育的成功与否，决定了他们是否能掌控时代进步和当代社会发展进程，了解政治主张、顾全集体、具有全局观，从容面对繁杂社会环境，逐步提升领导力和决策力。应从全局角度来解析高校教师教授思想政治课程，并承担建设中国特色社会主义的艰巨任务。

（2）增强思政课的实效性。各个高校都要遵守国家指令，设立思想政治理论学科作为大学必修学科，其任务在于培养大学生的理论知识，同时也是对大学生思政教育传播的主要方式，促进各个高校实现人才养成计划。终其根本是让学生借由学科学习，具备优良的道德品格和乐观的心理状态，从而能够为祖国和人民做出更大贡献，一步步成为中国特色社会主义推动者和继承人。为此，思政教育工作者要坚持不断提升自己的政治水平，确保自己的思政工作取得良好的实效。虽然面临各种冲击，但要坚持思想政治课程在高校各类课程中保持主要地位和主导作用，因此，要提升整体教学成果，各类教师应全面配合来减少课时缺失带来的影响，让思想政治学科知识成为学生自主掌握的理论，进而受到学生欢迎，让更多学生接纳、领会思想政治理论。

第一，合理利用思想政治学科的课堂时间，开展创造性教学活动、激发课堂活力、提升现有课堂时间的效率。这给学科教师提出了更高要求，要改变原有教学观念、创新教学理念，将单向输出方式转为互动沟通教学方法。这种讨论分析式教学先将主题隐藏，以沟通解析的形式展开，课程更具引导性，也拉近师生距离，能够进一步促进学生学会自觉选取正确的方向，帮助学生养成正确意识，促进形成健康的"三观"，从而完成思政教育任务。这类教育方式与当代学生求同存异特质相吻合，能够更积极地引导学生掌握理论知识，追寻科学的脚步，提升思政教育课堂的活跃度和魅力，充分发挥思政教育对社会发展的作用。

第二，增加思想政治理论教育的课外活动方式，延伸出丰富的教育方式、创造更好的教学气氛，利用多元化方式达到思政教育目的。丰富教育手段的方式包括：①思政教育向其他课程渗透，与各个学科知识相互结合；②逐渐引导思政教育转向第二课堂，注重学校的整体文化氛围构建，让思想政治理论润物细无声地渗透于大学生的头脑中；③将范围扩展到社会实践中，丰富思政教育课外实操教学，让学生能够自主认识到思政教育在个人成长道路上的重要作用。

（3）完成思政课的新任务与新要求。目前最为急切的首要工作就是掌控目前年青一代的思维、生活、学习状况，因材施教地提高和完善大学生思政教育。为了让学生能够建立正确的三观，必须通过建立社会主义以人为本和依法行事的理念，学会利用法律武器保护自身权益，主动完成法律制定的各项公民义务；教导学生确立良好的学习目标、形成优良学习习惯，培养他们具备崇高社会主义品格和文明素养，成为言而有信、勤奋努力、严谨谦逊、表里如一、自觉互助的优秀人才。各个高校的思想政治课程是培养学生具备思政教育理念的主要场所和方式，注重对于思政教育工作者的团队构建是帮助学生茁壮成长，并引导学校思想政治方向的基础工作，有引导、推动的意义，同时，对于构建社会主义物质保障、精神水平发展和政治理论进步，甚至全社会的进程都有着重大作用。

2. 教师队伍的建设策略

为了有效促进高校思政课的教学效率，就需要对高校思政课教师队伍建设进行强化，认真学习和贯彻落实中宣部、教育部工作会议精神，并要高度关注高校思想政治理论教育的开展，从提升教育教学中的科研含量入手，充分利用学科建设的支撑作用；将思政课教学与科研组织机构单独分离出来，为教育工作的顺利进行提供组织保障。

（1）强化思政教育学科的建设。为了有效促进大学生对思政课的政策性、理论性和政治性进行理解，就需要不断提高教师的授课水平，更好地进行教材体系向教学体系的转换，将理论和实践结合，选择恰当的教学方法和教学内容，不断创新教学手段。如此才能使得学生对思政课产生浓厚的兴趣，积极地参与到思政课的学习中，促进提升教学效果。而高校思政课的改进和加强应该加强教材、学科以及教师队伍的建设，对教学方法进行改革等。在所有的改进工作中，教师队伍的建设有着至关重要的地位，只有把握好教师队伍，才能让思政课教学获得突破性进展。

（2）增加教学中的科研含量。高校思政课教师的基本任务就是将思想政治理论知识传授给学生，如何讲好思政课成为目前最重要的课题。这对教师的科研能力和科研成果提出了新的要求，但这恰恰是目前教师所欠缺的。为了更好地弥补这一缺陷，就需要提升理论课教师的科研能力，加强科研水平培养，这样才能在教学中合理地利用各种科研成果，强化理论课的教学效果和教学效率。

（3）基于学科建设加强骨干培养。学科建设和教育教学之间的关系密不可分，学科建设建立在教育教学基础之上，而学科建设又可以反过来作用于教育教学。从学科建设的层面来看，思政课教师的知识面不能低于二级学科范畴，学术骨干更需要具备一级学科的知识。而且思政课教师不能只具备单科的理论知识，还需要从系统的学科论课程出发。高校应对这类课程进行科学、明确的规范，并始终按照正确的研究方向来推进工作的开展，尤其是一些想要申请新学科点的高校，更要对学科要求予以正确的把握，从而使得学科建设和教育教学之间的关系更具有黏合度。暂未设立学科点的高校，也不能忽视思政课教师的作用，要充分体现主人翁意识，关注学科建设的最新成果，并以此来对思政课教学形成强有力的支撑作用。从学科建设的角度来看，全员意识是思政课教师必须具备的一种精神，将学科建设当成是自身义不容辞的责任。这样不管是马克思主义理论学科建设还是思政课教育教学都将取得丰硕的成果，并促进思政课教师向马克思主义理论学者转化。

（4）健全教师队伍的管理体制。各个高校都应该加强建设自身独立的、直属学校领导的思政课教学科研组织机构。这一观点也是根据多年的教学实践而得出的，符合目前教学的情况，也是为了有效提升高质量学科平台的建设进度、提高教师队伍的高水平发展、强化思政课建设的战略意义等重要举措。想要完成统一的规定任务，就需要先建立统一的组织机构，只有建立了统一、独立的教学科研组织机构，才能促进思政课教育教学任务和各种社会服务、科研活动顺利进行。从现状来看，只有将组织机构落实到位，才能避免教师过于分散，并有利于思政课教师队伍的建设，为教程教学质量的提升创造有利条件。

（三）教师主体的素质培养

1. 亲和力的培养

亲和力是指一个人或一个组织在所在群体心目中的亲近感。思政课教师具有良好的亲和力是上好思政课的前提。教师有了良好的亲和力，能拉近与学生之间的心理距离，能够在教师和学生之间建立一座信任的桥梁，加强其信任感，增强教学的说服力；有了良好的亲和力能够方便教师与学生之间的沟通和交流，从而了解学生所思所想，增强教学的针对性。思政课教师要具有良好的亲和力，必须做到三点：①尊重学生，平等待人；②真诚相待，以"情"动人；③走近学生，了解实情。教师在与学生沟通交流、增进对学生的了解中也要敞开心扉，让学生更多地了解和认识教师。一个让学生感到陌生的教师很难使学生产生亲近感。

2. 感染力的培养

感染力是启发智慧或激励感情。教师的感染力就是能激起学生学习的热情，培养学生关注和投身于中国改革和社会发展的历史责任感。提高思政课教师的感染力，主要从两方面着手：

第一，推进教师的语言转向。教师具有良好的语言基本功，运用一定的语言技巧，提高语言的感染力，实现知识性、思想性、科学性、趣味性的有机统一。从实践看，文件政策性语言是思政教育中经常使用的一种语言方式。同时，这种语言方式往往习惯于用同一个词语来表达，多属于转述性语言，比较空洞、刻板，教育者的个人理解成分少，潜在的逻辑是"灌输"和"遵从"，容易引起学生的反感和逆反情绪，缺乏教育的感染力。为此，推进思政课教师的语言转向就成为改进思政课教育特别是增强感染力的必需。

第二，营造"群体感化"的环境。目前高校思政理论课教学以课堂教学为主，为此，教师在进行思政教育时，要实施以课堂为立足点的"群体感化"，营造一种促进学生思维观念转变的群体氛围，让学生感同身受。如在讲授"加快推进以改善民生为重点的社会建设"内容时，教师就目前社会的就业状况、特点及原因，国家政策和导向、与就业相关的法律法规以及大学生应该树立怎样的就业观等问题进行讲授和讨论，一定会引起学生的共鸣，提高学生的吸引力。

3. 执行力的培养

思政课教师的执行力即教师的执教能力，是指教师保质保量地完成自己的教学工作和任务的能力，即按时按质履行好自己的工作职责的能力。执行力对思政课教学效果也至关重要。教师要善于根据教学内容和学习对象，充分发挥教师的教学主导作用，最大限度地调动学生的学习主动性，灵活地采用不同的方法，科学地组织教学，从而实现对课堂教学的有效控制，达到教学目的。教学过程的设计包括教学内容、教学方法、教学步骤等。在设计教学过程中，教师要关注细节，细节往往决定思政课教学的成败。

二、高校思政课教学的学生主体及其素质培养

（一）学生主体的基本特征

1. 生理特征

（1）身体迅速发育。人在生长发育的过程中，身高和体重会经历两次高峰，从出生长到一岁是第一次高峰，身高会增加到原本的50%，体重的重量会增加一倍。青春期为第二次高峰，每年体重增长量为4kg左右，每年身高增长量为8cm左右。

（2）发达的大脑和神经系统。大脑神经在青年时期会明显增多，神经系统也在逐渐完善，这时智能会得到快速发展。逻辑思维能力在这时也会达到一个高峰，判断和推理能力明显提高。大学生在学习和思考的过程中能够变得独立。他们不仅有着较强的记忆力和观察力，还有着丰富的想象力，能够思考看到的社会现象，喜欢追求新鲜刺激的事物，有很强的求知欲。

2. 心理特征

（1）情感丰富、强烈。情感可以反映出客观事物，是对事物和人产生的感觉。

理智感、道德感和美感显著发展。在智力的活动过程中会有理智感产生。理智感会随着好奇心的增强而增强，它既包含好奇心，也包含求知欲。道德感包括了尊敬、爱国主义、责任感、轻视和疏远，对于自己和他人的言行会按照社会道德进行评价，是一种情感体验。人在审美上产生的体验就是美感，它和文化修养有着密切的关系。大学生追求内在美和外在美，对于美景、艺术和音乐都会抱有欣赏的态度。

友谊感在大学生的情感中较为突出。人生会在青年时期产生不同思想，家庭会给一个人带来依赖感，因此初时并没有很强的友谊感。但青年人会随着越来越成熟的思想而意识到友谊的重要性。在相同的爱好和理想中会产生吸引力，继而开始不断地交流。

大学生的情感具有外露性。青年人喜欢热闹，会为了真理不断奋斗，也能够直接释放自身情感。但有时情绪难免会激动到无法控制，从而产生错误。他们会在完成心愿时产生激动的情绪，对生活总是理想化，但在遇到挫折时就会产生消极情绪。

（2）认识能力发展迅速。①观察力的发展。观察力是一种能力，也是一种直觉活动，它可以透过现象看到本质，有明确的目的。大学生的观察力能够得到快速的发展，会有很强的深刻性和精确度；②记忆力的发展。大脑储存事物的能力就是记忆力，记忆力在大学时期会快速发展，大学生会使用意义记忆法、机械记忆法等记忆方法，他们的大脑也会储存各种信息和知识，有很强的记忆力；③想象力的发展。想象力要基于记忆力和观察力，是头脑在已有形象的基础上创造出新形象的能力，大学生的想象力非常丰富，他们的未来充满无限可能；④思维能力的发展。思维活动离不开抽象思维，这一时期的逻辑思维会由形式逐渐过渡到辩证，让思维更加独立、敏锐和深刻。

（3）自我意识不断增强。从自身出发认识周围的人和事就是自我意识。

自尊心、自信心和好胜心明显增强。大学生的能力会随着学习越来越多的知识而得到提升，他们希望他人可以给予自己足够的重视和尊重。大学生拥有强大的自信心，他们乐于肯定自己，而不是否定自己。这时他们会充分展示自身拥有的才华，要尊重他们，正确地引导他们，保证他们的心态积极向上，有荣誉感。因此，给学生足够的尊重，保持他们的积极性在思政教育时必不可少。

独立意识迅速发展。大学生的个性也会随着不断增强的体力和智力而变得独立。小学和中学时期他们会依赖家庭，这种依赖是精神和思想上的。但在大学时期他们会变得独立，因为这时他们会在心理上产生批判性，要及时加以引导。

自我评价和自我教育能力成熟。大学生的自我意识越来越强，对于他人和自我的评价都会格外关注。这时学生的自我教育也是思政教育中不可忽视的一部分。

3. 思想特征

大学生思想活跃，主流思想健康向上。大学生在新时代拥有积极向上的思想信念以及活跃的思维，主要有以下体现：

（1）爱憎分明，有强烈的爱国情怀。当下的大学生基本诞生于和平年代，但他们的爱国情怀却很强烈。例如，大学生会在奥运会和残奥会中积极担任志愿者，也会奔赴在抗洪抢险第一线，贡献自己的力量。

（2）思想独立，容易接受新鲜事物。当下大学生充满了个性与思想，都是时代变革的见证者，对传统和现代事物都充满了好奇，也喜欢追求刺激。

（3）人生态度健康，有崇高的社会理想。当下大学生都有自己的理想以及清晰的规划。他们孝顺父母，爱自己的父母，会坚决维护国家和民族的利益。会关注国家大事以及国际上的新闻热点，并给予相应的反馈。也会愿意帮助有困难的人。细致健康是当代青年人的思想现状。

（4）思想活跃，喜欢创新。当下是和平民主的年代，整个世界随着全球化的愈演愈烈也紧紧地联系在了一起。互联网和信息技术的高速发展开阔了大学生的眼界，让他们接触到了更多的事物。但大学生的心理还没有完全发育成熟，无法准确判断新事物。他们对于新的观念、风尚和看法都喜闻乐见，也会用自己的方式去看待和处理问题。

（二）学生主体的教育原则

第一，坚持改革开放，保证思政教育的方向不偏移。我国自改革开放后一直遵循社会主义原则，而中国特色社会主义道路也与我国国情和时代一致，并形成了一套自己的理论体系。高校的首要目标就是培养出德智体美劳全面发展的高质量人才，服务于中国特色社会主义事业，因此大学生思政教育在这里也必不可少，要坚定不移地与社会主义办学方向一致，严格按照党的教育方针执行。

第二，坚持实事求是、科学发展，使思政教育更具吸引力和感染力。改革开放40多年以来，高校都以实际为出发点，开展大学生思政教育工作，而且对于思政教育的要求和规律都一一遵守，从而让教育理念成功地发生了改变，以往的大学生思政教育都比较被动，而现在的观念则完全符合21世纪高校人才培养目标，由以前的"要我做"完美转型为"我要做"。从历史和经验可以看出，大学生思政教育工作在改革开放的春风中抓住了发展机遇，实现了发展和进步，因此，才能够在大学生思政教育工作中展现实效性、规律性、时代性和创造性。始终坚持实事求是原则，践行科学发展观，在实践工作中不断摸索、进步，转变以往的工作观念，让大学生思政教育探索出一条与新时代完全一致的道路，对模式、途径、观念、方法、载体和内容都进行创新，让大学生思政教育与学生、生活和实际都更加贴近，并且不断完善机制、改革教育理念和创新方式方法，从精神和思想上为培养社会主义优秀人才保驾护航，让大学生思政教育充满更大吸引力，也让高校大学生思政教育工作翻开新的篇章。

第三，坚持全面发展，强化大学生思政教育的针对性和实效性。以人为本成了改革开放后各个大学生思政教育的重点，对人的全面发展足够重视，教育的实效性和针对性是大学生思政教育每个阶段的重点，这是从改革开放之后就有的理念。大学生每个阶段的发展目标都不能与时代和社会的发展相违背，要充分发挥教育者的引导功能，对教育对象的主体地位给予足够的尊重和体现，让教育对象充满自觉能动性。每个历史时期都十分关注大学生的全面与和谐发展，保证大学生在身体健康、科学文化和思想道德方面均衡发展。

（三）学生主体的素质培养

1. 心理素质的培养

家庭对子女教育投资力度加大，学校追求升学率，在学生中出现了多种不良现象。学生违法大都为心理不健康所致，因此，学生心理因素教育是培养的主要任务。因此，调整教育坐标，培养心理素质，是教育的基本共识，也是教育发展的基本趋势。

（1）学生心理素质的培养工程建设。每个人都具有相对稳定的心理特征，它是人所具备的基本素质之一，通常被称为心理素质。健康心理和病态心理是人的两种心理形态。健康心理又分为积极心理和消极心理，指人能够正常选择和具有控制及调节能力的心理状态。积极心理是人成功的必要条件，具有主动的趋势，同时也是成功心理。相反，消极心理就是被动型的心理。病态心理就是健康心理的对立面，不具有正常心理的功能和弹性。

学生心理素质的培养是比较系统的工程，其中学校培养是该工程的首要任务。学校是教育学生的基本地点，教师在培养学生心理素质方面发挥着不可替代的作用。教师在落实教学和课外活动的过程中先要转变观点，建立具体的制度。此外，教师还应该经常和学生进行心理沟通与对话，剖析学生在成长过程中的心理活动。如此一来，教师在关爱和引导学生的过程中可以起到消除师生在年龄上的"代际隔膜"的作用，可以达到"同龄相知"的效果。如果学生心理素质教育系统工程的主体是学校教育，那么其两翼则是家庭教育和社会教育。有了家庭教育和社会教育的辅助，学生心理素质教育才会取得很好的效果。家庭是学生人生路程的第一个港口，父母的行为举止会影响到子女，潜移默化地教育着子女。

（2）学生心理素质培养的意义。学生是祖国的未来和民族的希望，所以教育至关重要，其是培养社会主义现代化人才的基石。塑造健康心理、培养学生在社会主义现代化建设事业和人生前进中拥有积极心态与成功心理是学生心理素质教育的重要任务。另外，学生心理素质培养的最高目标是构造成功心理。

培养学生的成功心理素质，对学生的人生发展具有较大的意义。成功心理是每个人成功的关键，也是人生的内在因素。让学生树立远大理想，具有不屈不挠的精神和脚踏实地的品质，对培养社会主义接班人而言意义非凡。除此之外，还要从小培养学生"抗打击"的心理素质，提高其心理承受能力，使其能够正确地对待人生挫折，磨炼出坚强的意志。减小"高智商低情商"的矛盾反差，创造出更好的立志成才的环境。

挖掘心理潜能对建设社会主义现代化而言有很大意义。最终决定人生能否成功的关键要素不是智力因素而是非智力因素，非智力因素是人生成功的金矿。挖掘心理资源是培养学生心理素质的重要任务，对学生的成长而言较为重要，同时也为我国的社会主义现代化建设、中华民族屹立于世界文明之林提供了很大帮助。

（3）培养学生心理素质的对策。

第一，良好的政治和经济环境是发展教育和创新教育的基石。目前，我国已经形成创新的大政治、大经济环境。此时，应努力做好教育改革，提高教育的现代化水平，做到素质教育和创新教育相结合。

第二，积极打造有利于学生创新的社会文化环境。社会及媒体应该注重学生的创新能力，提出创新课题以及提供创新成果展示平台，为了使学生从中得到启发，应该积极宣传古今中外的创新人才。各个社区也应该努力去提高学生的创新心理素质，可以利用假期组织一些和社区生活有关的小队来指导学生创新。在媒体、社区和政府的帮助下，多方面、多形式、全方位的鼓励创新、崇尚创新和尊重创新的美好社会文化环境一定会形成。

第三，打造激发、鼓励和支持创新的家庭氛围。有了家庭的观念和物质支持，学生才会有创新的动力。父母的教育方式和价值观念决定家庭教育是否会有利于学生的创新。①家长应该多关心国家的教育改革以及教育评价体系的改革和考试制度的新动向；②提供宽松的活动环境给孩子。新时代的父母应该明白束缚只会阻碍孩子的创新欲望和创新潜能，所以应该去欣赏孩子的"肆意"行为；③善于发现孩子的创新能力和鼓励孩子的创新热情。尽可能地为孩子提供有利于孩子进步且孩子乐于接受的条件。

2. 创新素质的培养

培养学生的创新素质，先要科学合理地给学生制定创新素质的培养目标，在培养学生创新素质的过程中，所需要的载体和中介是创新教育实践活动的准则和方向。

（1）学生创新意识的培养。加强学生创新意识的培养对学生创新素质的形成具有重要作用。对学生进行创新意识的培养主要包括以下方面：

第一，激发学生的创新兴趣。创新兴趣是学生在认识某种事物或者从事某项创新活动时的心理状态，要引导学生用发展的、积极的眼光看待事物，用欣赏的眼光看待自己，要乐于展现自我，充分发挥主动性，积极主动地解决事务，能够个性化地处理问题，上述能力都有助于培养学生的创新意识及相关的实践能力。

第二，培养学生的创新理想。创新理想是产生创新意识的主要内部驱动力，是学生对未来将要发生但还未发生的事物的想象和期待，可以将这一表现称为事业心和责任感。事业心是较高的思想品德和崇高的思想境界。而责任感，则是学生意识到自己的言行会对事物产生影响，从而肩负起自身的责任，做到不因为自己的行为而对他人或者其他事物产生较坏的影响，对自己、对他人、对社会都肩负起自己应当承担的责任。由此可见，培养学生的创新理想尤为重要。

第三，帮助学生树立创新信念。培养学生的创新意识，作为教育者，先要树立的理念是"人人都能创新，人人都具有创新意识"，即人人都具备创新能力，人人都具有创新潜能，只要通过外界的适当引导，通过适当学习，都可以获得具有创造性的成果，在某一领域称为创新型人才。由此可见，创新不只是少数精英学生应当学习的目标，而是每一个学生都需要实现的共同目标。处处要创新，创新的范围很广，创新没有局限性，每一方面都具有创新的可能性。

（2）学生"创新性学力"的培养。学生"创新性学力"的培养，主要包括以下方面：

第一，创新思维。创新思维主要具有三个明显特征：①思维具有敏捷性，能够对事物做出快速的判断，能够迅速得出结论；②思维具有灵活性，灵活的思维观念不会只从某一方面看待事物，是用发散的、灵活的思维方式看待事物，能够从不同角度和层面去看待、解析、概括问题，归纳总结一系列纷杂的事物和零碎的片段，可以有效地降低资源消耗，减少时间浪费；③思维具有深刻性，着重表现为对问题进行深刻思考，能够预见事物的发展方向。

第二，创新性的学习行为。学习是每个人认识客观世界的基本途径和手段，每个人进入社会的过程都是缓慢学习的过程。人不可能永远待在学校，终归会踏上社会，所以必须具备自充电系统。自充电过程就是创新性过程。教育不仅是为了教授给学生们新的知识，最主要的目标是为了教给学生学习的能力，如果学生不具备学习的能力，那么教育就是失败的。因此，培养学生的创新性学习能力是学校在教育过程中所需要树立的目标。

创新性学生同普通学生在学习上有许多不同之处。譬如，在学习目标上，创新性学生不仅对教师所教授的知识和书本所呈现的知识有所吸收，还能够举一反三，对教师和书本上的知识有所选择、有所批判地吸收，能够主动地获取知识，对待学习有主动性，更加注重思维过程；而在学习内容上，创新性的学生不满足于教学内容，比起普通学生对于未知世界的渴求度和探索度，创新性学生的程度更高、更强烈；在学习动机上，创新性学生更在意对问题的探索，喜爱挑战和批判，对自己十分自信；在学习态度上，创新性学生更愿意探索问题和开展研究，对于自己所喜爱的学科，也更愿意投入时间和精力，思考范围也不受教师局限；在时间安排上，创新性学生不满足于课堂，还会在课后花大量的时间在阅读其他书籍和从事其他活动上。

（3）学生创新能力的培养。创新能力是由多种能力组合而成的综合能力，而不是单一的能力。创新能力所反映的主体行为的内在动力，是在创新智力的影响之下达成，这是创新性活动的工作机制。创新是社会发展的必然需求，从某种程度上讲，社会发展中的每项工作，都或多或少地需要从业人员进行创新性工作，而达成这一目标的方式必须是教育，通过教育开发学生的创新能力，实现素质培养教育的目标。学生创新能力的发展不仅需要教师的介入，还需要将创新活动结合到学习活动中。与课程教学息息相关，尤其是在课堂之外的教学活动中。这些教学活动通常都具有科学性、实践性、灵活性，而正是这些特点，能够开发学生的创新性思维，能够给发展创造力提供良好的环境。

学生学习各项科目的过程也是不断激发创造力的过程。比如，在语文的学习过程中，学生通过听说读写等活动，激发思维的变通和独创性。在数学学习过程中，学生通过自身对数学的学习，激发逻辑能力，在创新活动中能够更加具有灵活性和多样性，开发提出问题的能力和解决问题的能力。而物理化学等学科的学习可以帮助学生开发动手能力，使其勇敢地假设和探索未知事物，尝试去发现事物的内在规律，通过对比、归纳等方法来解释和探索现象。同时，课外活动的开展，可以激发学生的创造力，学生在参加课外活动中，能够通过自身的努力，不断探索，增强自身的学习能力、研究能力等。

学生的创造力想要获得进一步提高，可以从这些方面着手：①可以表现为学生的创造力不再是虚幻的、超脱现实的，而是有着对现实的思考和对现实的想法；②学生的创造力有更加强大的主动性和意向性，对于问题的选择有着较强的自主性，能够运用自身的创造力去解决创新过程中所遇到的问题；③学生的创造力更加成熟，学生的主要活动是学习，导致学生的知识经验不够丰富。学生的思维定式较弱，受到限制较低，思维更加开阔；④学生面对事物更加热情、更加奔放，对于新世界充满好奇，不畏惧艰险，都有助于提高学生的创造热情和创造水平。所以在培养学生的创新能力时，应当注重以下方面：

第一，组织学习活动的能力。独立确定独立学习的任务、制订学习计划，选择合适的学习方法等都是组织学习活动的能力。这些都可以反映出学生对学习过程的认识，学生能够将这种认识运用到实践活动中，帮助其养成良好的学习习惯。组织学习活动能力的主要部分，是对书本的阅读能力，其中包括能够自己阅读，能够全面阅读，能够不同程度地阅读，能够通过阅读总结出问题的矛盾，并且通过比照、分析问题等不断解决问题。

第二，分析探究问题的能力。分析探究问题能力是指学生分析、归纳和总结问题的能力。学生具备此项能力，就能够将问题分解为一个一个小部分，能够将各个部分分解来看，能够鉴别各个部分，分析各部分之间的组织原理。

第三，熟练运用创新技法的能力。创新技法也可以称为智力技能，指如何打造创新的方式、方法，其中包括如何观察、记忆、分析、思考以及提出相关问题，分析问题等，都是创新技法的要求。掌握了这些技巧，创新过程的效率得以提高，降低精力损耗，可以将具体知识运用到具体的学习活动中。

第四，创新成果的表现能力和物化能力。创新成果的表现能力和物化能力，是指将内心想法用一些物象表现出来，比如论文，用论文的方式呈现，加以润饰，匹配论文的特定格式；若是实物的方式，则就需要选择相关仪器、相关部件。充分掌握和了解市场信息等，都是这一过程中所需要具备的能力。

（4）学生创新性人格的培养。创新性人格主要是指具备独特心理特征的人，对创新的现实态度、对创新的意志体现、对创新的情绪特征等。创新性人格是创新性活动的基础和前提，所有创新性活动都受人格因素的制约，人的性格特点会对其行为造成影响。根据我国的实际情况，想要塑造学生素质培养创新性人格，就需要从以下方面着手：

第一，学做"真人"。学做"真人"包括三方面：①诚实守信。待人以"诚"，人事宜"实"，"言必行，行必果"，讲究信用。②公平正直。待人以"公"，处事以"平"，正道直行。③慎独自省，思过改过，不断求真求善。

第二，具备强烈的生存意识。生存意识不仅仅指在生活中存活下来，而是要求学生不仅需要树立较强烈的个体生存意识，还需要树立强烈的国家生存意识。社会不断发展，变革不断产生，这就要求学生们要具备强烈的生存意识，对于新挑战要具备迎难而上的勇气和冲劲，要有承受挫折、把握机遇的品质，不断开拓、不断学习。

第三，坚定的意志品质。创新活动是复杂多变、具有强烈未知性的过程。因此从事创新活动的人，需要具备极其坚定的意志品质。创新意志是学生能够有意识地支配自我行为，能够调节自身行为活动，通过克服困难，不断实现预设目标的心理过程。创新意志可以表现为：首先是独立性。创新是从有到无的过程，即不屈服于外界的压力，不随意听从外界的声音，能够在众多声音中坚持自己的判断和信念，能够独立地做出决定，执行决定；其次是果断性。对于事物的想法可以有很多，但将想法付诸实践是困难的过程，想要将决定转变为行为要求创新者具备果断的执行力；再次是坚定性。即对于自己决定的坚定，能够不断为目标做出努力和奋斗；最后是自制力。能够通过自我思想限制自身行为的能力。

第四，具备合作精神。社会是一个整体，人作为单独的个体，在面对困难时，所能够承担磨难的能力没有合作所带来的能力高。人与人之间的交往范围扩大，人与人之间的交往频率增加，人与人之间的交往水平也会随之提高，促使更多的合作关系产生，能够互相协作、善于交流是很不错的人格能力，其也成为创新人才所需要具备的人格特征。

第五，具有独立的个性。只有"有个性的人"，才能够适应现代化社会的发展，才能够发挥出自身的才能。有个性的人必然是拥有某种才能的人，不仅拥有一层身份，在社会中，一定扮演着多重身份，是社会劳动的享用者和保护者。有个性的人，能够通过自身的内在动力，获取外在所需要的动力，能够冲破现有的环节，稳定结构，将尊重别人和保护自身个性做到极致。

综上所述，想要在高校中树立创新素质培养的健康体系，所需要耗费的时间和精力都尤为庞大。各所学校在这一过程中，也可根据自身的实际情况，制定具体的行动目标，这些目标具有的实效性和科学性，在全国教育界得到了众多学者的认可和支持。

第三节 高校思政课的教学评价与改革发展

一、高校思政课教学的评价要素

在现有的评价机制基础上，创新思政教育的实务育人评判标准，需要在充分发挥经验的有效作用的同时，注意顺应时势，一边借鉴西方国家在该领域内获得成功的模式，如泰勒模式、目标模式、应答模式以及交互评价模式等，一边把我国当前思想教育的成功经验和优秀的传统文化融入评价体系中，通过具体的有效措施将思想教育的评价内容、方法、主体以及功能各个要素联系起来，从而建立起科学、准确、合理、高效的相关育人体系。

（一）多维化的评价内容

思政教育的相关评价体系，应该最大限度地囊括多方面的内容。譬如，对思政教育目的以及相关内容的评价；对相关的实践途径和方法的评价；对组织部门、管理部门的评价；对思政教育实践育人最终效果的评价；对评价活动的组织者和被评价的客体对象的评价等方面，在这个过程中，要确保评价的内容能够覆盖学生思想教育的每个细节、每方面，而且同时还要注意不同地区、层次、类别之间所存在的差异和特殊之处。

思想教育实践评价机制的建立要摒弃微观的视角，从宏观的视野进行探索。其担负着精神文明建设和引导社会风气向好的方面发展的重大责任，因此，就不能仅仅是关注学校内部的思想教育，而是在此基础上，不仅要注意学生思想教育实践目标实现与否，还要重点关注隐性成果。只有从宏观的视角去考虑问题，才能使思政教育实践育人机制建立起稳定、统一的准则，该准则才能够被普遍运用于社会大众，被广泛在各类高校中使用，同时还需要表现出该体系对于社会风气的引导作用。

与此同时，实践育人体系的建立不是一蹴而就的，评测性的具体量化标准依旧迟迟得不到规范。大学生的知识水平可以通过考试得到准确的评判，但是素质评判却不同，无法通过硬性测试给出具体答案，无法准确评测一个人的道德品行的好与坏、素质的高与低。思想教育的过程是一个缓慢而渐进的过程，将"不知、知、信、行"四个过程统筹兼顾。把道德理论转换为学生的精神修养，从而将修养外化为相对应的行为举止，这才是思想教育的真正目的。因此，大学生道德指标的确定要在现实生活的基础上，综合考虑个体自身的差异，实现因人而异、指标灵活。

（二）多样化的评价方法

只有将完备的评判机制与丰富的评价方式相结合，才可以打造出一个科学合理的评价体系，才能确保评价结果的公正性和客观性。由此，应该采取一些经过多次试验，具有很高价值的评判方法。

第一，定性分析与定量分析相结合。通过对思政教育的客观对象进行分析和评价，从而得到定性和定量评价的方法。思政教育的效果是否明显，教育主体是否完成教育任务，实践育人成效是否显著，受教育对象是否符合思想教育的相关要求等，都需要给出一个结论性的定论。所以，定性评价是必不可少的，且一定程度上，定性评价为定量分析指明了方向，确定了分析的范围。

定量评价即对教育者和受教育者的具体信息进行采集，通过整理数据并对其进行分析，从而得出结论的方法。定性评价便是以定量评价为基础的，定量主要是针对各种量之间的关系进行分析，从中找出一个规律性的结论，给出一个客观的定性评价。在评价机制中，只有加大定量评价所占的比重，才能确定一个恰当的思想教育的范围，为教育对象在相关方面的评价提供一个较为准确的数据支撑。从而对其进行调查、归纳，在综合研究的基础上，结合定性评价的结论，从中发现规律，进行指导实践。

第二，整体评价与重点评价相结合。整体评价是指拥有较为完善的评判方法，从多个维度展开评价，最终得出较为科学的结论。在该评价的过程中，还需要兼顾重点方面的判定，对于关键方面要加以重视，主要针对某一项工作的某个侧面、某一个指标、某一个环节的工作等。

第三，动静评价相结合。一切事物都处于一个不断运动的过程中，动态评价，就是在实践运动的过程中对其进行一个具有发展性的评判，不仅是着眼于过去，还要高度关注现状，预测未来的发展趋势。与此同时，在特定的范围内，被评价的对象的相关数据呈现出稳定的情况，这时，便就需要运用静态指标判定一段时间内的情况，从而得出一个客观的结果。评价过程中，将动态与静态相结合，摒弃随意性的评价，才能做到如实反映思想教育的实际情况。

（三）导向化的评价结果

现如今，评价机制的研究正在不断地深入，其评价结果也在从奖惩性向发展性结果转换。通过对未来方向的明确，推动一个合理有效评价机制的建立。具体如下：

第一，弱化奖惩性质的结果。奖惩性评价主要以奖励和惩罚作为最终目的，通过对客观对象的表现做出评判。然而，从评判的方向来看，这种方法是静态的评价，只是对被评价人的过去进行评估，却忽略该对象的未来发展。从评判的目的来看，它的评价功能太过单一，不具备方向指导性。从它的激励功能来看，其评价标准主要由上级部门制定，无法调动客体对象的积极性。

第二，重视发展性的评价结果。在教育评价体系中，发展性评价是一个新兴的理念，它主要通过比较客体对象过去与现在的情况，从而预测对象的发展潜力。从评价方向来看，它关注不同的人生阶段；从主客体关系来看，在尊重他人评价的同时，注重自我评价；从评判目的来看，它更加关注被评价对象的未来发展趋势，并将其发展放在第一位。

二、高校思政课教学的改革发展

（一）高校思政课的改革功能

"近年来，党和国家对思政课教育教学越来越重视，全国高校积极响应思政课教学改革。"① 思政课教学改革，是指实施以教学方式方法和教学内容为主的双向改革。在教学方式方法上实施问题探究式教学模式，改进课堂教学效果；在教学内容上实施专题教学，创新教学思路，建构适合本校学生的教学体系。问题探究式教学改革，遵循了思政教育规律，极大地发挥了师生"双主体"的积极性，在一定程度上改变了思政课教师"满堂灌"的传统模式，对于牵引学生意识增强和能力提升、引导教师真正"走进"思政教育以及引领思政教育从误区中"走出来"有重大意义。

1. 引导功能

思政课具有育人的功能，通过课程学习，有利于学生形成正确的世界观、人生观、价值观和历史观，学生的思想道德修养和精神境界得到提升，使学生的身心和人格健康发展。当今社会，学生有很多获取信息的渠道，他们的思维习惯、行为方式和价值取向很有可能受到网络舆论的影响。教师教学时应关注学生内心想法，融入他们的内心世界，这样才能提升思政课的教学效果。融入学生内心可按三个步骤进行：①教师设置课堂展示成果的环节，通过聆听学生的展示内容，感悟他们内心真实想法；②教师可以不定时查阅学生记录在学习手册上的心得体会，从侧面感受学生内心的想法；③教师审视和修改探究问题，用家常沟通方式讲真心话，真正融入学生的心里。

思政课既要使学生的内在需求得到满足，还要使学生内在需求得以实现。长期以来，思政课探究及追求的目标就是帮助学生有效地实现内在需求。学生在自我提高、自我发展和自我完善的过程中，需要持续地发现和解决自身所面临的内部矛盾（内部联系）和外部矛盾（外部联系），因此，学生自我发展、自我完善的基础是解决好这两个矛盾，而思政课学习有助于学生解决这两个基本的矛盾。

思政课的教学包含理论与实践两个层面，学生在学行思的过程中认识到物质的富有并不是全部追求，高尚的精神才是应该追求的；思政课一直坚持强调理论和实践结合，因为实践是发挥主观能动性的基本途径、走向成功彼岸的桥梁，以及自我成就的条件。学生的实践活动受到这些知识性认识和理论精髓的影响，学生的思维被激活，最终实现他们的追求。通过引导学生思考，使他们意识到成长必须通过个人的主观努力，只有改变自己才能成功。这不仅体现出思政课的实效性，思政课的价值性也得到提升。

思政课的理论和实践都注重人文关怀，关注人的尊严和价值，帮助学生实现内在的需求。思政课的教学强有力地推动学生实现内在的需求。思政课通过创造条件，可以让学生体验到有深度和有品位的精神世界，满足学生高贵的内心精神世界，高雅的文化可以陶冶

---

① 闫继华. 高校思政课教学改革探究［J］. 科教导刊，2022（19）：123.

灵魂，尊重、关心他人的人文精神和人文教养，熏陶灵魂、唤醒生命，使人的心灵得到净化，坚守精神品格。虽然这些知识看似无用，无法给学生带来直接利益，但是最终目的是使学生具备高尚情操和品格，树立和维护人类理想、文明，实现对人终生的关怀。思政课坚持育人为本，全心全意为了满足学生，它的精神主旨和价值追求与学生内在需求有很多相同的地方。总之，通过改革思政课的教学必将帮助学生满足其内在的需求。

2. 引领功能

思政教育不仅仅是从学生思想到思想的单线性盲目工作，在思政课教学改革中要尊重学生的差异性，因材施教。

读懂学生，先要关注学生的需求，如成长需求和教学需求、物质需求和深层精神需求、当前应急需求和未来根本需求、个人需求与群体秩序需求。这要求在教学中坚持以人为本理念，注重以学生为主体，促进个体多样化地发展，从多维度加强人文关爱；坚持实践理念，兼顾我国改革开放新时期思政课发展的新要求和学生生活实际，满足学生生活和精神需求；坚持合作理念，在教学过程中充分地发挥各个要素的作用，通过上下联动和统筹一致，创建优秀教学格局实现生生合作、师生合作。

读懂学生，需要从纵横两个维度研究学生，关注影响学生成长与成才的问题，使改革有助于充分体现出学生的利益诉求，使学生对其主体身份的认同感提升。

纵向角度，融入群体做深入的调研，运用多学科的研究方法，将总体时间设为主轴，心理、交往、学习等作为自变量，以动态的形式观察记录不同成长节点学生的发展变化，总结学生成长过程的一般规律、特定时间段多发的影响事件。

横向角度，可以建立学生成长成才的资源库，深入研究学生个体，掌握影响学生思维动态和思想转变的内外因素与偶然事件，以便全面了解学生思想观念的整体情况、一般特点和最新动向。通过坚持纵横交错，对学生思想观念进行全方位动态观察。

（二）高校思政课的优化发展

1. 营造校园文化氛围

学校是现代社会培养各种人才的场所，同时也是重要的战场，那就是对学生开展思政教育的战场。校园文化是一种行为规范、基本信念、价值取向，需要全校师生共同遵守，这种文化形成于长期的教育教学活动，这种社会文化有其自身的特殊性，它具有重要的育人功能，决定着学生形成怎样的思想道德观念。每所学校都有自己的校园文化，身处良好的校园文化氛围中，学生能够受到好的教育，这是在学生中开展思政教育的重要途径。

在整个教育体系中，教学环境属于一种软环境，学生的学习状态会因此而受到间接的影响。校园文化不仅会影响到教师的教学状态、学生的学习状态，同时还能够体现学校的整体水平。因此，各高校应当将先进思想的教育放在重要地位，将思政课融入校园文化中来，突出其教育目标，体现其教育效果，这样才能营造出良好的校园文化氛围。要想形成良好的校风，思政课的开展必不可少，能够引导学生树立正确的"三观"，树立崇高的理想，提升法律素质与思想道德素质。校园文化的主体是学生，良好的校风离不开具有良好思想道德素养的学生，同时，良好的校风也能在潜移默化中对学生起到很好的教育作用。因此，学校要积极开展思政教育，提高理论课的实效性，促进进一步优化校园文化，培养更多德才兼备的合格毕业生。

2. 强化师资队伍建设

要想促进思政课的有效改革，突出思政课的实际效果，积极推动思想政治理论教育的快速发展，先要建立起一支高素质的思想政治教师队伍。

教学过程的实施者是教师，他们作为生力军，在很大程度上决定着教育事业的发展，因此，需要大力提升思政教师的综合素质，培养更多高素质的思政教师人才。在学校中从事思政教育的教师，自身的思想政治素质首先要过硬，要有非常坚定的政治立场，理论素质要扎实，具备科学的世界观和强烈的社会责任感，要有较高的思想道德素质，要努力提升自己的教学水平以及科研能力。思政教师要真相信、真学习、真懂得、真使用思想政治理论。学校要将思想政治理论作为面向学生开展思政教育的主要阵地，将思政课作为思政教育事业的主要任务，积极推进思想政治理论教育的改革进程，突出思政课的实效性，大力培养社会所需的全面发展的综合型人才。只有这样，才能促进思政教育事业取得长足发展。

第四章　网络传播环境下高校思政课教学实践的时代探索

第一节　网络传播环境下高校思政教育话语体系探索

一种话语体系具有科学性与有效性，除了要有坚实的理论基础外，还要有对现实的强烈关注。思政教育话语体系本身就体现出学理性与现实性两种品格。网络时代思政教育话语体系建构的直接目标，就是打造科学有效的思政教育话语体系，即使思政教育话语体系具备深刻的时代内涵、鲜明的中国特色与旺盛的思想活力。

"新时代掌握网络思政教育话语权是高校立德树人的关键。"[①] 网络时代高校思政教育话语体系建构的重要目标，就是增强新媒体时代中国的国际话语主导权。这种主导权包括三方面：①拥有合理确定标准和定义对象的解释力；②拥有能够与其他话语体系平等对话的对话权；③拥有被世界认同的影响力。概而论之，就是有发言权、能被倾听、有影响力。

一、高校网络思政教育话语的表达体系

20世纪80年代的话语表达理论，把对句子意义的分析扩大到语篇层面，将语境纳入对自然语言话语意义的解释，动态分析话语意义对语境的依赖关系，突破了传统形式语义学静态分析句子的局限性。根据话语表达理论，思政教育话语表达不仅是单个句子的意义表达，而且还关涉思政教育话语符号的运用、话语意义的生产、话语叙事的方式与话语范式的转换等层面的内容。信息网络发展在丰富了大学生思政教育话语表达符号与表达手段的同时，也对思政教育话语表达提出了新的挑战与新的要求。网络时代大学生思政教育话语表达体系的建构就是要应对新情况，善用新概念、新范畴，实现思政教育话语的新表述。

---

①吴旻. 高校网络思政教育话语权提升路径研究 [J]. 时代报告，2022（19）：113.

（一）话语符号运用

符号是负载或传递信息的基石，表现为有意义的代码及代码系统，如声音、图形、姿态、表情等。符号是信息的载体，符号总是负载着某种信息，信息总是表现为某种符号。人是符号的动物，人创造了符号并通过符号来与客观世界相连接，可以说，人直接面向的不是客观世界，而是由符号建构而成的符号世界。网络就是这个符号世界的典型代表，在网络世界里，人们通过符号表达自我，也通过符号感知他人。

网络世界里的符号体现着强烈的视觉文化特征，视觉符号以其所向披靡之势建构了一个绚丽的景观社会，使"图像化生存"成为一种常态。大学生思政教育话语本身也是一套符号系统，作为其子系统的思政教育话语表达符号在网络时代被贴上了视觉文化特征的标签，使思政教育话语文本的世界被图像的世界所取代，观看代替阅读成为思政教育主体间最重要的交流方式，展演代替规训成为思政教育话语最重要的符号形式。

（二）话语意义生产

从认知语言学的视角看，话语意义实际上是话语主体的内在知识在言语交际行为中的一种动态反映，即话语发出者和话语接收者认知背景相互作用的产物。话语发出者根据自己的认知背景将要表达的意义编码为特定的话语发送出去，话语接收者则根据自己的认知背景从接收到的话语中解码出特定意义，并对此做出相关回应，话语意义即在此相互作用的过程中产生。从这个角度出发，思政教育话语主体的交际意图是思政教育话语意义得以生产的核心，话语主体对话语意义的认知与加工不仅是简单的符号转换，而是一种创造性的建构。

在传统媒体时代，思政教育话语意义的编码与解码有严格的时间逻辑，而在新媒体网络语境中，思政教育话语意义的生产与传播是话语主体协商的结果，其协商过程不能按照时间线来明确区分，事实上它们总是交互叠加进行的。根据编码解码理论，思政教育者作为话语主体完成思政教育话语编码行为以后，思政教育对象作为话语主体要对其进行解码，解码者的立场决定了话语意义的生产。

1. 协调型解码方式

协调型解码方式，是指话语接收者理解已经被界定为主导的意识形态，又保持自己的某些不认同，但不会形成与编码一方有意义的对抗。这种解码方式在新媒体语境中通常表现为，新媒体用户对思政教育者所植入文本的意义部分同意，也保留部分分歧，同时将新的意义植入文本，使新的编码者得以产生。协调型解码方式使得思政教育话语意义以滚雪球的方式不断被放大、被丰富，而呈现庞杂、多义的特点。

对于处在协调立场的思政教育话语解码者，我们应当对其进行合理引导，允许多义而不是多元话语的存在的同时，将多义引向统一，将边缘拢向主流。

2. 霸权型解码方式

霸权型解码方式，是指话语接收者在主导符码的范围内进行解码，其对信息解读的方式和过程完全符合编码时刻所设定的预期。霸权型解码方式是大学生思政教育话语的理想解码方式，是思政教育者的立场、意图完全被解码的思政教育对象所理解、所认同的理想状态。

在课堂教学、政治演说等特定话语场域中，思政教育话语的霸权型解码方式最有可能出现。在新媒体时代，思政教育话语的主导意义与解码者的个人观点完全一致则属于典型个案。

作为思政教育话语解码方式的主导，霸权型解码方式要求思政教育者要掌握解码者的认同心理，赋予解码者更多的话语权，让其畅所欲言，完全理解并欣然接受编码者设定在话语中的内涵意义，用赞同甚至欣赏的心态从话语中获取意义，并且依据其中的价值指向、意识形态、思想观念等因素指导自己的生活实践。

3. 对抗型解码方式

对抗型解码方式，是指话语接收者完全理解话语赋予的字面意义和内涵意义，但以一种批判和抵制的方式去解码信息，以此产生全新的意义。对抗型解码方式在新媒体匿名的语境下更加容易发生。思政教育话语对象作为解码者虽然清楚思政教育话语发出者的编码意图，却故意选择了对立的解码立场。值得注意的是，言辞激烈与沉默不回应也是新媒体时代所特有的对立立场。

对于处于对立立场的思政教育解码者，我们应当对其思想问题进行分类定性，在话语协商的过程中找到其思想问题的症结之所在，并在潜移默化中对其进行思想疏导。

（三）话语叙事方式

叙事是人类用以言说的工具，也是人类的一种思维方式。就言说工具而言，叙事是陈述客观事实；就思维方式而言，叙事是连接集体记忆。通过叙事，个体与集体产生关联，现实与历史形成共振。宏大叙事赋予思政教育话语更为宽广的理论视野与更为精致的体系范式，形成了具有高度统一性与排他性的话语体系。

传统媒体时代，宏大叙事在我国思政教育话语叙事方式中居于主导地位，但意识形态理论的宏大叙事以政治统摄形式自上而下组织社会活动，规划非日常世界的精神生产，分割了社会生活的整体性，忽略了处于社会结构底基的"日常生活"和"微观世界"的建构，从而导致真理与话语的疏离、过程与意义的割裂。新媒体的传播方式与场域特征体现了对宏大叙事的背离与反叛，表达了对生活叙事的回归与追求。从宏大叙事到生活叙事的转换，只有在理论视域与话语体系上建立生活叙事逻辑，才能把思政教育的"为人性"真实地呈现出来。

二、高校网络思政教育话语的传播体系

传播既是一种过程也是一种互动，既是信息的共享也是图景的构建，既是社会信息系统的运行也是社会关系的体现。但无论从哪个角度来讲，传播都是指社会信息的传递或社会信息系统的运行。从广义上来讲，传播体系是由传播主体、传播客体、传播媒介、传播场域共同构成的有机系统。

网络时代思政教育话语传播体系是就其狭义而言的，仅指思政教育话语的新媒体传播媒介，即连接传播主体之间的信息渠道与信息平台。作为人体器官的延伸，新媒体早已超出技术层面，成为公众普遍认同的传播方式与社会普遍依赖的生存方式。网络时代大学生思政教育话语传播体系的建构，既要借鉴传统媒体时代的成功经验与有益探索，也要尊重网络的传播特点与传播机制。

(一) 主题网站传播

网站是互联网上根据一定的规则使用工具制作的用于展示特定内容的相关网页的集合。高校思政教育主题网站是以思政教育为出发点与价值旨归的网站，是大学生思政教育话语传播的主阵地。在网站林立的虚拟世界里，思政教育主题网站要想立于不败之地、发出时代最强音，就需要不断提高网站的传播水平，形成专业网站、红色网站、资讯网站相辅相成、三位一体的新格局。

1. 思政教育专业网站

思政教育专业网站是对思政教育相关问题进行学术研究与业务讨论的平台，主要面向思政教育宣传者、实践者、研究者与爱好者。中共中央党校主办的"理论网"、《求是》杂志主办的"求是理论网"、人民出版社主办的"中国理论网"、北京市委宣传部主办的"宣讲家"等一系列专业网站，都以传播马克思主义为核心，以宣传党的路线、方针、政策为着力点，为思政教育研究提供支持，也为思政教育实践解疑释惑，是思政教育话语传播的主要平台。如这些专业网站对"群众路线""社会主义核心价值观"等都进行了全面

阐释与深刻解读，将马克思主义经典著作与党的最新理论从书斋搬到网络，为思政教育工作者、国内民众与国际社会准确解读与高度认同中国共产党和中国政府的执政理念、决策部署、发展规划铺设了一条崭新的通道。

2. 思政教育红色网站

思政教育红色网站，主要特指高校红色网站，是针对高校师生的思想状态、群体特征、知识结构、心理机制、关注热点、实际诉求、年龄层次而开展思想政治工作的网络平台，它由各高校师生共同创建并主要面向高校师生提供服务。高校红色网站整合了网络教育资源，契合了高校师生群体的网络消费习惯，搭建了高校师生交流的网络平台，延展了思政教育的时间，拓展了思政教育的空间。红色网站以不同的形式在网站上开办网络党校、网络团校、网络课堂，设立政治理论、时事政策、法律道德、党史党建、校史校情等学习专栏，传递正能量、弘扬主旋律，是思政教育话语传播的主要阵地。

3. 思政教育资讯网站

思政教育资讯网站是普及思政教育理论、传播思政教育信息、开展思政教育实践的新媒体平台，面向最广大的新媒体用户。思政教育资讯网站以新媒体技术为依托，以多种传播形式为介质，兼容文字、音频、视频与互动平台，与传统思政教育媒体相比，其最突出的优势在于信息更新的快捷性、传播形式的多样性、作用方式的潜移默化性。

人民网、凤凰网、新华网、光明网等以资讯报道为主的网站，站在时代前沿，体察社会热点，通过中立、专业的新闻视角，运用客观、准确的新闻话语，报道事实、还原真相，能够让公众全方位、多视角、全天候地了解中国特色社会主义的建设进程与建设实际。如在每年的两会期间，各种民生话题、各种代表提案、各种利益诉求、各种政策解读就会成为各大资讯网站竞相报道的焦点，网络新闻工作者运用通俗的语言与生动的形式，使公众更加直观具象地了解什么是中国特色社会主义、怎样建设中国特色社会主义以及建设怎样的中国特色社会主义等重大问题，在潜移默化中完成思政教育话语的传递。

(二) 网络社区论坛

网络社区论坛，简称为 BBS，是网络上的一种电子信息服务系统。大部分 BBS 由教育机构、研究机构或商业机构管理。BBS 兼容了文字、图片、动画、音频、视频等多媒体表达手段，以其匿名性、开放性、包容性、互动性、平等性而使人们摆脱了现实话语场域的诸多束缚与顾忌，可以根据个人的兴趣与需要来选择不同的版块发言或回帖，进行信息的交流与思想的交锋。因此，社区论坛也成为掌握网络用户的思想动态、把握舆论走向、开展话语博弈、进行思想引领的重要话语场域。

1. 主题社区论坛

随着网络新媒体的快速发展，论坛成为网络辩论的主战场。凤凰论坛、强国论坛、天涯论坛、中国人论坛等主题论坛的出现，使网络辩论之风愈演愈烈。在 BBS 论坛里，人们克服了空间、时间的限制，遮蔽了年龄、身份、职业、学历、财富、外貌、健康状况、社会地位、婚姻状态等因素，就一切感兴趣的议题表达观点、阐明主张、交流看法。从百姓身边到国家大事、从专制集权到自由民主、从食品安全到教育制度、从环境污染到绿色生态、从社会现实到中国梦等，一切敏感话题都可以成为论坛里的热门帖子。

对思政教育话语主体进行话语赋权，使各种观点、各种主张在论坛上互相碰撞、互相激荡，不仅有利于了解话语个体的思想状态、掌握社会群体的舆论倾向，有利于话语主体间的情绪宣泄与疏导，还有利于意见领袖有针对性地进行舆论引导。例如，凤凰论坛作为首家在论坛区开设辩论空间的网站，除了日常网友们自行地开帖辩论之外，还不定期地组织大型网络辩论会，精心设置辩论议题，并由意见领袖对辩论观点进行适度引导，成为传播社会正能量的典型。

2. 高校社区论坛

高校社区论坛风靡各大高校，隶属于教育机构，已经成为高校师生交换信息、阐明观点、话语博弈、宣泄情绪、交友聊天、休闲娱乐的重要平台，深受广大高校师生的认可与依赖。

高校 BBS 的使用人群具有相对固定性与稳定性，其教育水平与年龄层次相对统一，生活环境与学习环境相对一致，因此其关注焦点与话语主题往往分布在电脑应用、学术研究、教育教学、文学艺术、电子竞技、体育赛场、休闲旅游、校园公益、系统服务等区域。话题的同质性与观点的异质性为思政教育的开展奠定了可能性与必要性基础。思政教育工作者需要承担起意见领袖的职责，在掌握思政教育对象的群体心理特点与个体思想动态的前提下，以话语交锋或话语交流的形式，培养大学生的集体主义、爱国主义精神，增强大学生公平、民主的意识，舒缓其心理压力、排解其负向情绪。

（三）优化搜索引擎

搜索引擎又称网络检索引擎，是指利用网络自动搜索技术软件或人工方式，对网络资源进行搜集、整理与组织，并提供检索服务的信息服务系统。一个网络搜索引擎一般由信息采集器、索引数据库、检索索引库的检索软件与用户接口组成。

搜索引擎通过对布尔逻辑检索、字符串（短语）检索、截词检索、限制检索等检索技巧的运用，提高了信息检索结果的精度与效度，使用户得以在浩如烟海的网络信息中准确、高效地定位其所需要的信息。我国搜索引擎每天承担着数以十亿次的搜索请求。面对如此之高的使用频率，搜索引擎被赋予了足以引导互联网用户认知与行为的力量，俨然成为网络信息的"导航器"与"把关人"，也成为思政教育话语传播的崭新平台。

1. 搜索器

搜索器实际上是一个计算机程序，通过夜以继日地运行计算，尽力搜集各种类型的新信息，定期更新已经搜集过的旧信息，以避免陈旧链接与无效链接。随着网络机器人程序的开发与利用，名为爬虫或网络蜘蛛的机器人程序已经取代人工，在互联网中漫游，发现和搜集信息，取回 Web 主页的信息，完成对互联网网站结构及网页内容的收集和存储。搜索器对于思政教育话语的新媒体检索起到"导航器"的作用。搜索行为本身是思政教育话语主体的主动行为，体现出其对搜索器的依赖与信任，这为思政教育话语的内化奠定了主观心理基础。

2. 索引器

索引器的工作是建立一个包含关键信息的索引库以备查询。在搜索引擎中，一般要运用统计法、信息论法、概率法或语言学法等给单索引项或短语索引项赋予一个权值，用以表示该索引项对文档的区分度，同时用来计算查询结果的相关度。从思政教育话语的关键词或短语中抽取出索引项，建立包含关键信息的索引库，并提升查询结果的相关度，意味着思政教育话语信息对网络空间的占领，这为思政教育话语的灌输奠定了客观信息基础。

3. 检索器

检索器对于思政教育话语的新媒体检索起到"把关人"的作用，通过"议程设置"来决定思政教育话语是否出场与出场的先后顺序。被过滤的信息会形成沉默的螺旋效应而偃旗息鼓，被优先的信息则会形成扩散的蝴蝶效应而被广泛认同。

4. 用户接口

用户接口的智能化程度与思政教育话语的传播呈正相关。随着用户接口智能化程度的提高，搜索引擎除了会尝试"猜中"答案，还会尝试"引导"思政教育话语主体去搜索信息。每次进行搜索的时候，都会给出一连串相关的搜索建议或者搜索热点，从而引导思政教育话语主体按照搜索引擎的意愿去点击相关关键词或者链接。

第二节　高校网络思政课堂教学实践与新载体的应用

一、高校网络思政课堂教学实践——智慧课堂

智慧教室是提供智慧课堂的重要场所，与传统思政教育不同的是，智慧课堂打破了传统单方向传授的束缚，它是通过互联网高新技术全新打造的现代智能化教学模式。其中包括以前教学中没有的自动考勤、视频拍摄、一体化多媒体设备等，这些新型的教学系统与工具都可以进一步提升学生思想政治课程的教学效果。

所谓的智慧课堂，是指借助智慧教室以及各种智能化的教学工具所打造的全新教学，教师可以通过提前录制好的视频，再搭配上各种学习平台的学习资料，最终汇总成永久式的教学视频，以供学生参考与学习。这种教学形式不仅可以提升教学课程的质量，还能够节约教学成本，这种共享式教学视频可以为他们的学习提供极大便利，使教师与教师之间、学生与学生之间都可以进一步地沟通与交流。智慧教室为教师提供了非常好的教学平台，教师可以在智慧教室顺利地完成翻转课堂、实践性课程等。智慧教室不仅可以完成信息的采集工作，还能够使资源得以共享，营造轻松、高效的教学环境，从而充分调动学生的学习兴趣以及学习自主性，还能够为学生提供优越的教学服务，最终达到最佳的教学效果。

智慧课堂之所以可以提升思政课的传播能力，是因为智慧课堂可以完成教学资源的深度共享，还可以进行系统的教学评价。这种资源的共享可以使学生与教师之间完成零障碍沟通和交流，翻转课堂、分组教学的实现极高地提升教学效果。智慧课堂的形式可谓是多种多样，常见的包括视频直播、分组讨论、小型讲座等，这些形式对于思政课程产生了深远影响。思政课程的传播能力大幅提升，过程性评价不断完善，教学数据的高度集中，模块化、分类化教学资料唾手可得，满足了思政教育工作开展的一切要求，而且学生对于思政课程的理解以及感悟也有一定的提升。

（一）高校思政智慧课堂的应用目的

1. 推广教学理念

使用智慧课堂的最终目的是能够提升思政课的教学效果或教学质量，而这一目标的实现离不开有效的宣传与推广。学校是人才的聚集地，若想培养出一批又一批优秀的社会主

义接班人，校园环境、学习氛围、师资力量都会对其产生一定的影响。为了更好地提升思政教育的教学质量，思政教师必须对智慧课堂建立全面的认识，合理使用智慧课堂，具备一定的创新意识，不断优化教学方法与教学模式。优秀的思政教师对学生而言尤为重要，只有思政教师的工作过硬，学生的潜能才能被挖掘以及思政素养才能够有所提高。

思政教师需要紧跟时代步伐，科学使用思政智慧课堂，因为智慧课堂的全面普及必将是大势所趋。除了要加强思政教师的培养，还需要增强智慧课堂的推广与宣传力度，不仅要让学生与教师接受，还需要得到绝大多数家长的认可，这样才能够充分发挥智慧课堂的效果。学校在推广期间可以开展各种宣传活动，或者进行智慧课堂观摩课等，让学生对智慧课堂产生巨大兴趣，发现其优势以及价值所在。智慧课堂的推广可以改变家长教育理念，可以正确引导家长全面认识思政课的重要性，进而获得家长的认可。

2. 开发教学资源

思政教师在进行智慧课堂教学的过程中，应当重视对于课堂教学资源的选择，因为优秀的教学资源可以极大地提升教学效果并为学生带来更为优质的学习体验。深化改革课堂教学时，需要重视教学资源的有效开发，因为在信息发达的今天，借助网络教学能够更好地提升教学效果。这是因为网络上信息传播速度快、传播范围广，并且借助网络还可以让学生更快获取时事新闻、了解国家大事，进而全面提升学生的政治素养。

思政教育与时事政治教育之间还存在本质性的差异，这也是智慧课堂的优势所在。时事政治教育可以更好地帮助学生了解时事新闻，增长学生的见识，并且开阔学生的眼界，而且时事政治在思政教育中占据重要地位。教师在进行时事政治教育的过程中，首先需要从社会的热点话题入手，然后针对此问题展开具体论述，让学生掌握其中所蕴含的知识，这样有助于学生对于新知识的理解与消化。由于智慧课堂的教学方法与模式都能够适应社会的发展，其教学资源十分丰富，因此有效开发智慧课堂教学资源对提升教学效果而言十分重要。

3. 调整教学方法

传统理念在学生与教师的心中仍发挥主导作用，而这将会影响思想政治教学的教学效果。传统的教学理念实质上会徒增学生的烦恼，加重教师的教学负担，并不能很好地起到提升教学效果的作用。随着社会的不断进步、时代的不断变迁，教学理念应当顺应时代的变化，逐步实现现代化，只有新型教学模式与教育理念才能够推进思政教育工作。因此构建新时代智慧课堂教学模式对思想政治教学而言显得尤为重要。只有当智慧课堂与互联网密切联系起来，才能够更好地提升思想政治教学的教学质量，达到最佳的教学效果。

（二） 高校思政智慧课堂的构建意义

智慧教室另一重要功能是可以完成全面并且系统的过程评价，将备课、讨论、探索等众多环节中所发展的核心内容加以整理，不断提升思政课的教学质量以及传播能力。智慧课堂的核心内容是为思政课教学改革创新提供新的模式，实现思政课由教材体系向教学体系有效转化，提高思想政治理论教育教学的实效性。显而易见，提高思政课的传播能力在思政教育中显得十分重要，智慧课堂极大地促进思政课的传播，在一定程度上还推动了思政教育的发展。

1. 有助于构建思政课话语体系

智慧课堂具有强大的信息存储能力以及互动性，思政课所体现的思想性与政治性要求思政教师在使用智慧课堂时特别注意，教师应当树立正确的政治观念与道德品质，只有这样才能够构建思政课话语体系。

实事求是是话语体系建设的基础，也是核心。思政课不仅需要实事求是，还应该进一步弘扬中华民族优秀文化以及马克思主义思想，认真剖析中国国情，让学生以实事求是的态度并利用话语体系来解决国家政治事件以及热点话题中所滞留的各种问题。当代社会对于学生们能否讲好中国故事十分重视，这也是思政教育的最终目标，让学生传递中国力量、讲述中国故事。智慧课堂的线上互动功能为明确文字内涵提供了可能。弘扬中华民族传统美德以及优秀文化都离不开民族精神的确立，为了能够实现中华民族伟大复兴的宏伟目标，思政教育更要重视对于学生中国时代精神的培养。这样才能够进一步彰显中华民族优秀文化的无限魅力，才能够更好地构建中国特色社会主义国家。

2. 提高思政课传播的推动机制

（1） 生产机制。生产机制主要体现在教学内容的创新以及矛盾生产上，智慧课堂对于教学最大的贡献在于为教师的教学提供了技术支持以及海量教学资源，这都极大方便了教师的授课以及学生的学习。教师可以凭借这些丰富的教学资源，不断改进教学方法以及教学形式，进而提升教学质量。教师绝不会生搬硬套，更不会抄袭，绝大多数教师会借鉴并且创新，带给学生全新的上课体验。这里所谓的生产机制是为了更好地帮助教师明确教学目标，提供新的教学理念，逐步让中华民族的优秀文化渗透进思想政治教学中，让思政教育扮演文化传播使者的重要角色。

（2） 传播机制。传播机制在提升思政课传播能力的推动机制中占据重要地位，它主要体现在思政内容的传播以及阅读方面。伴随着信息时代的飞速发展以及时代大数据的到来，网络以及各种媒体为思政课程拓宽了传播渠道，并且促进其不断发展，但是这也带来了碎片化阅读这一严重问题。因此在传播思政课程内容的过程中，需要充分发挥大数据的优势并且采用数字化的传播媒介，这样才能够更好地引导学生调整其生活方式以及思维方式。众多学习资料以及教学资源，可以不断拓宽学生的眼界，增长学生的见识，进一步提升学生的政治素养以及道德品质，让当代学生成为民族的希望以及社会主义的优秀接班人。

（3）发展机制。在提升思政课传播能力的推动机制中最为重要的一大机制则是发展机制。发展机制主要体现在艺术与商品之间的矛盾上，将思政课堂结合众多高雅艺术、流行元素以及商品文化，即把智慧课堂打造得更加具有创造性，凭借课堂的创新优势来提升思政课程的传播能力。思政智慧课堂的另外一大优势在于它可以将教学内容与模式完美融合，并且还能够对教师的教学资料与备课内容进行系统的检查。无论是凭借教学资源的优势，还是其功能优势，都可以提高思政教育的教学质量，还可以进一步提升教师的教学水平以及政治素养。翻转课堂这一新型教学模式的实现离不开思政智慧课堂的全力配合，这也是不断推进智慧课堂全面建设的原因所在。

（4）影响机制。影响机制作为推动机制中最后一大机制，主要体现在课程内容的整合与推翻的矛盾上。多元整合是思政课程具有一定影响力的重要体现，所谓多元整合是将教学资源、模式、方法统一与整合。对思政教师而言，他们需要树立良好的政治素养、道德品质，还需要具有明确的教学目标以及特色化的教学模式，学习使用先进的教学设备或技术，努力提升思政课程的传播能力，进而全面培养学生的思想政治素养，共建文明和谐社会。只有将思政教育的教学水平进一步提升，才能够更好地优化思政课程的教育环境与平台。除此之外，要不断完善思政课堂的监督机制，让思政智慧课堂成为学生学习思政课程的强大推力。

3. 思政课智慧课堂实践的拓宽

在习近平新时代中国特色社会主义思想的指引下，各大高校越来越重视思政课程的实践活动，这是为了贯彻落实思政教育改革，适应新时代背景下的思政教育工作，通过思政智慧课堂，来拓宽思政教育的宣传渠道，提升思政教育的教学质量，最终将思政课程教学与育人完美结合。换言之，在进行思政教育的过程中，提升学生的政治素养以及道德品质。

在建设思政课智慧课堂的过程中：首先，需要确立保障机制，打造轻松、愉悦的教学氛围，加大思政课程的宣传力度；其次，需要坚持以人为本，深入剖析课程内容，鼓励并倡导学生参与有关思政的实践活动；最后，完善思政课堂的监督系统与评价系统，将工作重心放在建设思政课智慧课堂上。

总而言之，要合理利用网络资源，重视思政课程的传播，搭建全网互联的政治治理体系。

二、高校网络思政课堂教学的新载体应用

载体可以是一种物质实体，也可以是一种活动形式、技术等。思政教育是一种文化传播活动，无论是传播主体向客体传播思想政治的具体内容，还是接受思政教育的客体回馈给传播主体想法和建议，都需要载体来实现。简言之，思政教育的载体，是指在思政教育实施的过程中，能够承载和传递思政教育的内容与信息，能为思政教育主体所运用，促使思政教育主客体之间相互作用的一种活动形式和物质实体。

（一）微信平台的应用原则

微信具有文件、视频、图片传播以及网络聊天等功能，不仅方便了人们日常的工作、生活和学习，还促进了人与人之间的情感连接。科技的快速发展使得人们的交流打破了时间和空间的隔阂，帮助人们实现远程通信和信息传递。当然，这种非面对面形式的交流方式也使得一些不良信息在网络中传播，影响了网络语言环境。因此，针对这种现状，相关部门应制定相应的管理和监督制度来解决这些问题，从而营造更健康、安全的微信环境。

1. 方向性原则

作为公共媒体平台，微信应该遵守相应规则，在这一平台发布的信息一定要符合社会主义核心价值观，主要的思想内容包括：以爱国主义为核心的民族精神，马克思主义指导思想，以改革创新为核心的时代精神，中国特色社会主义的共同理想等。在进行思政教育内容传播时，应该引导学生们树立和完善自身的正确三观，践行社会主义荣辱观。

微信各种形式的内容都应该贴合社会主义核心价值体系的特征，反映社会主义核心价值体系的具体内涵。面对多样化、随时变化的意识形态特征以及世界范围内各种思想文化交融，微信作为新型媒体，其覆盖面极广，高校应利用微信这一特点，在进行思政教育时，让主流价值观的影响力进一步扩大，让马克思主义在意识形态领域的地位更加牢固，提升中国的国际地位，让我国的软实力文化在世界范围内的价值观领域占据主导地位，实现中华民族伟大复兴的中国梦。

2. 求实性原则

为了寻求真理，人们必须使用实事求是的方法。微信的思政教育也要讲究每一项任务

都要从事实中寻求真相，遵循这一思考和工作的科学方式。在微信中，图片和文字相结合的表达方式深受大学生们的喜爱，这已经是大家发布信息时最常用的方式，并且所传播的信息被认为是真实且有价值的。大学生需要具备明辨信息的能力，对于看到的微信内容不应盲目相信，对于不实信息能够及时分辨，并进行求证，能够判断其具体内容的真实性并有效阻止虚假信息的传播。大学生在日常生活中，要做到言行一致，实事求是诚实待人，通过学习，达到思政教育的教育目的。

（二）微博平台的具体应用

1. 微博平台开展思政教育的方法

主体为了实现既定的目标，而在理解与改造世界的过程中采取的手段便是方法。如果方法运用不当，那么思政教育将达不到预期目的，甚至南辕北辙；适当的方法可以使教育内容更容易被人们所接受，达到理想的效果。思政教育的方法主要是利用马克思主义理论作为基础，塑造人的性格、改造人的思想、提升人的自觉性，它是完成教育目标任务的重要保障。人的思想离不开外部条件和内部因素的相互作用，并在实践中进一步充实与发展。因此，思政教育的方法不是一成不变的，微博使思政教育方法由静态变为动态。

（1）积极回应法。微博具有传播及时、受众广泛的特点，一个事件借助微博可能会很快形成广泛的影响，因此教育主体应及时地回应公众。人们的认识来自实践，应对微博上大众关心的问题做出及时回应，如此才能进一步提升思政教育的水平。

（2）共情法。共情法也就是同理心，它最早是由罗杰斯在人文主义的相关阐述中提出的，它是指教育的主体在讲解思政教育时，借助创造的思政教育环境及外界环境，潜移默化地引导教育客体的思想道德水平步入正轨的过程。这是一种原则与情感相结合的教育方法，具有高度的隐蔽性和非强制性，教育客体容易在不知不觉中接受，因此，它适合微博大众。

（3）比较鉴别法。比较鉴别法是指教育主体利用不同事物之间的差异，对客体进行讲解与研究，鼓励客体进行正确的判断。借助这一方法，教育主体不但辅助教育客体进行事物善、恶、美、丑的辨别，同时也提升了辨别是非的能力。

（4）心理问答法。心理问答法主要是教育主体利用相关的信息资源、心理学理论、专业的技术，通过微博这一载体的发布、发表评论等功能进行思政教育的实施活动，在这一过程中逐一解决客体所提的问题，进而对其心理及行为进行引导，使其在生活、工作以及学习的过程中形成一定的认知能力与辨别能力。现代社会，人们的生活节奏较快，这使得普通人的心理压力与生活负担较大，因此很多人会利用微博"调侃"来缓解自己的压力。

在利用微博进行思政教育时，心理问答这一方法有助于为教育主体提供一种新的思维方式，这不但消除了教育客体可能存在的思想政治问题，还可以预防一些细小的问题，对现实中思想政治问题的出现起到很好的制约作用。

2. 微博平台营造思政教育的环境

人类进行生产、生活的过程中，其周围的空间、场地便是环境，它是各种因素叠加的结果。微博背景下的大学生思政教育，是指利用微博这一平台，紧跟大学生的思政教育，其教育环境构成包括所有对大学生思想道德形成过程中有影响的因素之和，涵盖了精神、物质以及制度环境三个层面。

（1）搭建物质环境。搭建物质环境时，主要从两方面出发：一是校园网络基础设施的搭建，二是校园微博群的建设应该遵照打造"精品"以及"品牌"的要求。

首先，校园网络基础设施的搭建。在搭建校园网络时，应该采用成熟且先进的技术，这样搭建出来的校园网络才是稳定、可靠的，校园网络应该实现校园范围的全覆盖，应该包括教学楼以及户外的校园环境，除此之外，网络宽带还应该有所预留，只有这样才能保证学生顺利地访问微博。

其次，校园微博群的建设应该遵照打造"精品"以及"品牌"的要求。具体来讲，校园微博群的建设主要分为五部分：①校园微博群应该包括学校所有的职能部门、所有院系；②校园微博群应该涵盖学生社团、学生班级；③校园微博群应该包括学校的任课教师、优秀的校友以及学生辅导员、学生骨干等；④校园微博群应该包括专题课程微博，如党课微博、选修课微博、通识课微博等；⑤校园微博群应该包括学生微博。在这五种微博群的相互作用下，学校就可以建立一个覆盖所有师生以及学生生活、学习、娱乐的校园微博网。

（2）搭建精神环境。微博最大的特点是它的信息可以点赞、评论和转发，通过这三种操作，博主和用户之间能够建立亲密的互动关系，但是，关系建立的前提是微博的内容是优质的。学校在开设微博之后，应该注重微博内容以及博文质量的提升，只有这样，才能使学生和微博平台产生积极有效的互动，才能利用微博对大学生进行思政教育活动。学校职能部门以及学校院系在微博上发布的内容应该以相关的管理信息为主，与此同时，还要回答学生对管理方面的疑问，积极地采纳学生的相关意见；学生建立的社团微博以及班级微博主要的微博内容应该是组织活动，提高社团内或者班级内人员的凝聚力；专题课程微博内容应该突出强调课程内容方面的能力培养、知识传播等，它的存在能够改变以往学生接收信息的单一模式，学生可以从更多的渠道获取知识、接受教育。

（3）搭建制度环境。制度环境主要涉及微博的管理、意见的反馈以及对微博中信息的监控。相比于思政教育的发展，微博的发展还处于新生和起步阶段，微博和思政教育的结合需要优化诸多方面。各方面的优化是为了给学生提供更好的交流和反馈机制。校园微博群要建立以下制度：微博管理人员的管理制度；微博管理人员和学生之间的交流制度；学生和微博管理人员之间的信息反馈制度。

除此之外，还要注意到微博的信息传播特点是独特的，它和以往的互联网应用存在本质区别，所以，高校必须建立适用于微博的信息监控制度，监控的内容主要是校园微博群有关的评论、转发的信息，如果发现异常信息，应该按照标准及时、严肃处理。

3. 微博平台思政教育的优化途径

（1）加强思想教育并引导学生正确认识和利用微博。

第一，引导学生树立正确微博观。互联网的发展是迅速的，因此强化当代大学生的网络素养，已经成为现阶段关于大学生素质教育的重点。利用微博，鼓励大学生形成科学、合理的观念是非常重要的。微博观念，其实就是大众对于微博的理解。涵盖的内容有：何为微博之本质，怎么合理运用微博，怎么杜绝微博带来的负面影响等。微博实际上只是网络媒介的一种，类似于一种交际工具。大众怎么去运用它，将决定它会对社会产生怎样的影响。

第二，加强学生网络道德教育。高校必须加大对大学生网络道德素质的培养力度，加强大学生内心的道德力量，以此来消除微博中负面信息的影响。

人们的日常行为所遵照的标准就是道德，道德作用的发挥依靠人们的自律以及外界的舆论环境。在微博平台上，不仅涉及传统的道德观念，还涉及网络道德，二者在微博平台上发生了碰撞。大学生是微博的主要使用者，在这种情况下，需要加大对大学生的道德素质教育力度。教育可以从以下方面开展：首先，应该让大学生树立坚定的观念，在观念的指导下，大学生的行为就有了强有力的约束；其次，要将观念转化为大学生对道德的自我约束，在网络中始终遵循道德要求最关键的一点是大学生有自我约束力，微博的言论是自由的，基本不会受到约束。在这样的条件下，大学生感受不到其他人的约束作用，因此，其要更加注重对自我的道德约束。

技术的快速发展创造了多种多样的传播工具。在这样的情况下，人们接收的信息更复杂，掺杂了大量的不良信息，这些不良信息严重地影响了大学生的健康成长。此外，目前的网络监管机制还不健全，有关的法律法规尚在讨论建立中，无法对网络上存在的不良信息进行强有力的遏制。因此，对大学生进行网络道德教育势在必行，网络教育的目的是让大学生有正确的网络道德，让大学生形成对事物的判断能力，网络教育能够让他们进行正确的选择，正确分辨事物的对错，而且网络教育还能加强学生的个人修养。

第三，强化学生心理素质教育。微博的出现让大学生有了更多获取信息的渠道，大学生也可以利用微博平台及时进行交流。大学生在微博平台能获得更多的知识，视野会变得更加开阔，而且和人之间的交流也会越来越频繁。高校的思政教育工作者一定要重视大学生的心理问题，及时解决学生的心理问题，最大限度地减少微博对大学生发展造成的不良影响。首先，学校应该开设心理教育必修课程；其次，应该对学生进行情感方面的教育，帮助学生正确认识学习和生活中的挫折；再次，要注意教育，不要刺激学生形成逆反心理；最后，每一名学生都应该有自己的心理档案，这有助于教师根据学生的心理状况展开针对性的指导，能够更好地解决学生发展过程中的个人困惑，能够有效纠正学生的认知错误，能够让学生形成正确的思想认知，更好地面对生活中的挫折和困难，有助于促进学生人格的养成。

（2）建立学校微博平台并组建师生微博团队。学校应该在微博平台上开设自己的账号，通过微博平台，传播信息、展开交流，让微博成为学校和师生之间的沟通桥梁，让微博账号发挥枢纽的作用，优化学校的管理。高校发展储备了大量的人才，拥有一流的技术，因此在能力范围内可以建立校园微博平台。学校可以在微博上及时传递信息，比如，教务处可以第一时间在微博上发布有关教学的通知，公开学校自习室信息；学校的图书馆可以在微博上传和新书推荐有关的信息、分享学术讲座，还可以为学生提供书籍借阅信息查询等其他服务；学校的就业指导中心可以在微博发布招聘信息、就业指导信息等。微博的交互方式是"背对脸"，这种方式给予了教师和学生极大的选择权利。例如，即将毕业的学生可以选择和就业相关的信息或者与考研相关的信息；学校教授级别的教师可以关注和基金申报有关的信息或与项目申请有关的信息。除了上述部门外，学校管理方面可以发布学校的改革信息、创新信息，学校还可以通过微博的投票机制，调查学生和教师对制度以及改革的意见，并采纳师生提出的合理建议，这有助于更好地进行学校建设。

利用微博组建师生团队能够为师生搭建一个虚拟的交流空间，在微博中交流，教师和学生都是其中的成员，但是二者的作用不同，教师负责开展教学活动，发布教学活动的通知，设定教学活动主题，为学生的交流和探讨给予指导，及时解答学生的问题，学生可以在关注师生团队后，参与讨论。与此同时，教师可以充分利用虚拟空间改变教学方法，激发学生学习的积极性，让学生将手机设备、电脑设备引入课堂，在此基础上和全班同学共同进行讨论。除此之外，微博团队的形式在很大程度上促进了学生合作，增强了学生的团队意识。一旦学生学习的积极性被调动，学生的潜能也会随之被激发，学生会重建自己的认知系统，学生的认知得到了发展。与此同时，学生团队意识的提高能够让学生掌握更多的合作技巧，还能让学生在团队中获得认同感和归属感，有助于提升学生的人际交往能力。

除了学校之外，各个年级的辅导员、学校的思想政治教师都可以开设自己的微博账户进行思政教育。教师可以在微博平台上创建微群，教师充当群的管理员，教师可以在微博群中及时为学生分享国家政策，分享生活感悟，分享自己的教学经验、教学成果；学生也可以在加入群聊后发表自己的学习感悟，及时和同学探讨学习问题，也可以请求教师参与讨论给出指导，群聊形式有助于学生在潜移默化中获取知识。辅导员也可以在微博平台建立微博群，辅导员是整个群的管理者，辅导员可以让班长担任初级管理员，让班长负责班级的日常管理，比如发布通知、投票征集意见、发布班级日历、班级课程表、建立班级档案、上传班级学习需要的各种电子资源等。作为学生，他们只有浏览、参与投票及下载资料的权利。

高校中的辅导员和思想政治教师是一线的高校教育工作者，他们应该因势利导，积极利用微博平台和学生展开深入交流，加速推进学校的思政教育工作。网络互动看似漫不经心，但是就是这份随意和自然的方式让学生与教师之间有了更多信任，有了更多的交流，以微博平台为连接桥梁，学生和教师之间变成了无话不说的亲密网友。

第三节　网络视角下高校思政教育质量评价与革新方略

一、高校网络思政教育的质量评价

"随着互联网技术在我国社会的发展日趋成熟，高校思政教育也逐步迈入网络应用的轨道。"[1] 教育质量评价历来是影响教育改革与发展的重要手段，教育质量评价具有重要的导向作用，是教育综合改革的关键环节。推进教育质量综合评价改革，是推动学校全面贯彻党的教育方针，全面实施素质教育，落实立德树人根本任务的重要举措；是引导社会和家长树立科学的教育质量观，营造良好育人环境的迫切需要；是基本实现教育现代化，加强和改进教育宏观管理的必然要求。教育质量评价为确定教育方针和教育计划提供依据，是学校管理的重要手段。因此，大学生网络思政教育要重视质量评价的作用。

（一）大数据化发展

从管理学角度研究思政教育质量问题，既有科学合理性又有现实必要性。结合大学生

---

①徐晓霞. 浅析网络时代下如何提升高校思政教育的话语权 [J]. 魅力中国，2020（33）：113.

思政教育的本质属性，以管理学的视角，从质量评价、技术要领、过程管理、管理制度等方面探索思政教育质量的提升路径很有必要。高校提升思政教育质量，必须加强评价的管理。思政教育的评价管理，先要建立有科学性、系统性、动态性、可操作性的评价管理标准体系。对思政教育的评价要素，包括教育主体的评价、教育环境（政策、制度等）的评价、教育方法的评价、受教育者思政教育效果的评价。

1. 评价管理的大数据意识

大学生思政教育评价管理，在大数据背景下，要有以下意识：

（1）评价管理以学生为本的意识。评价指标设置的导向要紧紧"围绕学生、关照学生、服务学生"，为学生的成长、成才、成功奠定科学的思想基础和道德准则。

（2）法治意识。要依法依规对大学生的思政教育工作进行评价管理，作为学校的思政教育管理者，需要知法、守法和学会适用法律知识，提高法律管理的素质。

（3）政治意识。要讲政治、讲党性、讲思政教育的正能量，对于网络思政教育的效果评价要有政治敏锐性。

（4）安全意识。网络安全教育和大学生日常生活的安全教育，都需要在评价管理中得到体现，评价管理的指标中要结合培养大学生健全人格和高尚情操，树立良好的网络道德，构筑抵制不良冲击的"防火墙"。

2. 思政教育评价的管理实践

（1）关于大学生网络思政教育评价方法的管理实践，网络思政教育的评价管理方法可以分为势、道、术三个层面："势"即以宏观视野分析新时期网络思政教育的时代特征；"道"即以思政教育理论和传播学理论认识网络思政教育的内在规律；"术"即以新技术手段参与网络思政教育的全过程。

（2）对于大学生网络思政教育者的评价管理素质提高的实践，强调大学生网络思政教育者要有"六心"的素质，具体如下：

第一，"爱心"，网络思政教育者必须尊重、关心、理解学生，了解他们的心理需要，真心实意地帮助他们解决面临的实际困难，使他们感受到关怀、温暖，为有效地开展网络思想政治工作创造良好的氛围。

第二，"诚心"，网络思政教育者对大学生要像陶行知先生说的那样，"捧着一颗心来，不带半根草去"，师生之间要以诚相待，彼此相互尊重、相互信任，架起理解的桥梁，做彼此的良师益友。

第三，"热心"，网络思政教育者对学生应保持极端负责的热心肠，有对思政教育工作的执着追求。

第四，"公心"，网络思政教育者要公平地对待每一个学生，不能徇私，更不能凭个人印象办事。

第五，"精心"，网络思政教育者对网络思政教育的内容需要精心组织、精心策划、精心指导、精心实施、精益求精。

第六，"信心"，网络思政教育者对学生要多鼓励少批评、多启发少惩罚，调动学生内在积极性，通过学生自我教育克服自己的缺点，使之从内心树立起立志成才、报效祖国的信念。

（二）个性化发展

关注主体性、差异性、发展性的个性化教育已成为当代世界性教育改革的共同趋向和教育现代化的本质追求，建立以促进每一名学生发展为目标的评价体系，助推学生个性化发展，是大学生网络思政教育评价管理的新发展方向。构建有利于大学生个性化发展的大学生网络思政教育评价新机制，需要按照科学发展观和构建和谐社会的目标，确立以学生为本、以学生个性化思政教育为主的评价标准，建立和健全一整套具体的评价管理制度，创新有利于个性化发展的大学生网络思政教育评价方法，促进大学生网络思政教育水平踏上一个新台阶。

1. 个性化评价管理

大学生网络思政教育个性化评价管理更多的是关注大学生学习的过程评价管理，针对学生学习的主动性、创造性、使命感、责任感、自信心、进取心、意志、品质、人生观和价值观等进行科学的评价管理。由于个性化教育的过程系统主要包括个性化教育测评、个性化教育策划、个性化教育实施和个性化教育评价四个子系统，因此，个性化评价管理重点评价指向是大学生的潜能开发、素养教育、学科教育、阅历教育、职业教育、创业教育和灵修教育七方面的均衡发展。

2. "一二四八"评价管理

"互联网+"思政教育，对孤岛式思政教育模式进行了创新，大学生网络思政教育"一二四八"评价管理模式，是个性化评价管理的一个成功案例。该管理模式是着力优化思政教育文化育人平台和营造新心态、新语态、新形态、新生态"四位一体"的立体化大学生网络思政教育环境条件，构建成的坚持一个理念、优化两个平台、把握四条原则、实施八项工程的大学生思政教育实践育人模式。

（1）坚持一个理念是指立德树人要以学生为本、以学生全面发展为本的理念。

（2）优化两个平台是指"思想政治理论课主渠道"和"日常思政教育主阵地"两个平台，确保思政教育的育人条件和育人环境。

（3）把握四条原则包括方向性原则、目的性原则、可行性原则、自评和他评相结合的原则。

（4）实施八项工程是依据大学生网络思政教育的八大功能模块。具体实施内容为：队伍引领工程、学风建设育人工程、创新创业助推工程、实践引育工程、心理助航工程、青马引航工程、文化启航工程、诚信引导工程。

（三）标准化发展

标准化是指在经济、技术、科学和管理等社会实践中，对重复性的事物和概念，通过制定、发布和实施标准达到统一，以获得最佳秩序和社会效益。大学生网络思政教育评价管理的标准化，是依据党和国家对于大学生思政教育的要求，结合大学生网络思政教育在校园网络建设标准、学生参与网络思政教育活动的学分计算、大学生网络思政教育的课程考试测试等方面具体的评价管理内容，按标准化的统一原理、简化原理、协调原理和最优化原理对思政教育工作进行全面的质量评价管理。

1. 校园网络建设标准化

大学生网络思政教育网站建设，需要从设计的科学合理性、操作的简易可行性、服务的以人为本性、教育内容的整体完备性、网络信息的正能量等各个不同的方面进行统一和最优化，也就是加大科学管理的力度，提高其水平。高校在完善校园网站时要注意：①立足于学生教育、管理和服务，栏目设计要合理、内容要丰富、布局要美观；②网站建设要引领网络思政教育主旋律，把握正确的政治方向，体现时代意识，旗帜鲜明地传播先进的思想文化；③体现学生管理的便捷性，将学生事务管理网络化，提高学生事务管理的效率；④注重服务性，把网络建成服务的平台，通过设置留言栏目、信箱等方式增强服务功能。

2. 学生参与活动的学分计算

学分是用于计算学生学习量的一种计量单位，大学的学分制度是要求学生对每一门课程都达到一定的学分才能毕业或结业。网络思政教育活动是大学生的学习活动之一，依据大学生思政教育课程与实践活动的内容，进行必要的学分管理评价，有利于落实其育人目标，改进网络思政教育工作。

　　大学生思政教育可以区分为三类学分：Ⅰ类学分、Ⅱ类学分、Ⅲ类学分。每类学分将大学生的思政教育内容评价的不同方面纳入活动的评价指标：公开发表作品、成果获奖、发明创造、参加社会实践、创新成果等。Ⅰ类学分是主要的课程内容，如马克思主义课程、时事政治专题报告等，规定的学分必须完成；Ⅱ类学分是社会实践活动，如参加普法活动、义工活动、红色纪念活动等，规定需要达到的学分量，可以在多个活动中选择参加达到活动的学分；Ⅲ类学分是灵活的政治思想教育内容，如美学内容、中华优秀文化传承内容等，主要以学生取得的学习效果给予奖励性的学分，如在市级或院校级刊物发表思政教育的论文、新闻报道、评论时获奖励的学分。

二、高校网络思政教育的革新方略

　　大学生网络思政教育，随着大数据时代的到来和智慧校园的建设，迎来了新的技术革命、新的教育环境和新的教育内容。要顺应时代的发展，只有以改革发展的思路，用创新的思维方式，才能面对挑战，实现教育的现代化，面向时代，满足大学生思政教育的新需要。

（一）网络思政教育的改革背景

　　伴随着互联网基础设施和终端设备的发展，加之大数据、人工智能、云计算、移动互联网、物联网等技术的推动，互联网成为人们学习、生活的重要场所，深刻地改变着人们的思想观念和行为方式，网络思政教育也面临着诸多挑战和更加繁重的任务。

　　大学生网络思政教育需要遵循网络发展规律和大学生成长、成才规律，加快学生主题教育网站和网络互动社区建设，以增强校园网络的吸引力。大学生网络思政教育的主要任务在于立德树人，构建大学生网络思政教育体系，加强网络思政教育，推动形成网络育人的强大合力。大学生网络思政教育必须加强本地本校品牌网站建设，实现互联互动、优势互补，要精心培育网络典型项目，大力开展网络主题教育，整合高校校园网站联盟、中国大学生在线等优势网络资源，整体推进大学生网络思政教育质量的提高。

（二）网络思政教育的新方略

　　方略是对于人和事采取的方法和策略，大学生思政教育本身有其内在的规律性，存在基本的方法（认识论方法、实践论方法）和谋略（阶段性、实践性、综合性等）。提出大学生网络思政教育的新方略，是因为互联网技术和思维同思政教育传统优势的深度融合成为大学生思政教育工作发展的必然趋势，是大学生思政教育焕发新活力的重要生长点。大学生思政教育需要增强网上思政教育的主动性，需要建立网上思政教育的原则性，需要不断丰富网上思政教育内容，需要重视网上思政教育的可持续发展等。因此，大学生网络思政教育强调要有新的方法与策略。

1. 增强网络思政教育的主动性

主动性是新时代对大学生思政教育提出的新方略。一方面是因为传统的思政教育主动性研究不够，主动作用发挥不够；另一方面是因为互联网在校园内不断普及与升级，网络化速度极为惊人，大学生思政教育必须主动参与，高度重视其内容与形式的发展，把立德树人思政教育的内容及时、方便、准确地传播给大学生，体现德育为首的教育效果。因此，大学生网络思政教育从主动性上讲，门户新闻网站要坚持主动积极、正面引导、加强管理、趋利避害、为我所用的方针，采取师生喜闻乐见的方式打造专题栏目，让广大师生通过网络主动积极地接受主流文化的熏陶。

2. 建立网络思政教育的原则性

大学生网络思政教育是一种网络教育，作为一种开放性强、信息容量大、真实与虚拟结合的教育体系，大学生思政教育要求体现高度的融合性、持中性、人文关怀、中华精神等，需要建立比较完整的大学生网络思政教育原则。大学生网络思政教育的总体性原则是立德树人主题导向性原则，要坚持以学生为主体，坚持以学生为本，在建设网络文化时要做到人性化、主体化，增强亲和力和凝聚力，增强网络思政教育的影响力，发挥人的主体作用，促进学生的全面发展，落实立德树人根本任务。同时，网络思政教育还应遵循以下原则：网络信息的党性原则，现实性与虚拟性相结合的原则，教育与管理相结合的原则，网络德育与学校思想教育主渠道相结合的原则，网络教育与社会及学生家庭教育密切配合的原则，应情应景原则和舆情疏导原则等。其中网络传播途径所特别需要的应情应景原则和舆情疏导原则要引起高度重视。

（1）应情应景原则。应情应景是指要依据不同的情况和不同的时机状态而说话与做事。大学生网络思政教育面对网络化、生活化、时代化的大学生德育为首的教育需求，必须做到顺时而动、相机而行、适俗随时、应运而生。大学生网络思政教育创新，应情应景原则是切入点，只有采取应情应景原则创新网络思政教育的载体、形式和内容，才能很好地占领大学生网络思政教育的阵地，才可能适应瞬息万变的网络教育。

（2）舆情疏导原则。大学生网络思政教育应向大学生传播正能量，传播社会主义核心价值观，引导其了解学习优秀的中华文化和形成中国精神、大学自信等。舆情疏导原则是指大学生网络思政教育通过网络要将清晰准确的思想教育信息传递给受教育者，要对受教育者进行有目的、有计划的思想引导，调节和平衡网络与受教育者之间的关系，促进网络教育信息有规律、有秩序地流动；在复杂多变的网络互动中发现大学生的思想行为趋向，以此引导他们形成正确的价值取向，通过利用网络技术手段，有效筛选屏蔽不利信息，排除干扰，有效防止反动思潮和有害信息的传播。

第五章　优秀传统文化启迪，高校思政课教学实践的拓展视野

第一节　中华优秀传统文化与高校思政教育融合的必要性

任何活动在人类社会之中都无法离开文化环境自己独立存在。这种特立独行的社会环境不但对社会中的活动内容与活动形式产生着影响，甚至对于社会活动属性也产生着十分重要的影响。高校思政教育便是遵循了这个规律，将思政教育中的"育人"放置于我国所特有的社会环境中开展。所有的社会环境中，影响最为重要的便是文化特征这一环境因素。在整个教育的过程中，随时随地都要受到自身所在任何环境之中的文化内容影响。

"思政课是立德树人、培根铸魂的课程，其根本指向与中华优秀传统文化弘扬的高尚道德情操具有共通的取向。"① 因此，思政教育之中便拥有着特别的文化特征，而这个文化特征实际上是以培养出适合时代发展的高素质人才为目标的，与此同时，它也是建构中国人思想与灵魂支点的一个重要课堂。

一、中华优秀传统文化发展的内在要求

中华民族历经五千年文化历史的积淀，形成了我国所特有的传统文化，使每一位中华儿女的思维、道德、行为等均受其传统文化的影响。因此，对思政教育工作者来说，其应当做到理解并尊重我国优秀传统文化所具有的现实意义，并以此为基础，将传统文化融入思政教育工作体系之中，将思维与模式进行进一步创新，寻找到可以更好地解决融合思政教育与优秀传统文化、社会环境发展中的新颖要素与特点的具体方式。

思政教育是一项教育人的活动，它的主要目的则是使人的思想道德素质水平更上一层，从而促进人的全面发展，激发人们为实现共产主义而奋斗。人的全面发展涵盖着众多内容，文化素养仅是其中一个非常重要的方面。优秀的文化素养能够让一个人站在更高的

---

① 官小波. 浅谈中华优秀传统文化与思政 [J]. 南北桥，2023 (4)：163.

位置，形成高尚且正确的世界观及价值观。除此之外，一个人若是具备了深厚的文化素养积累，便能够正确地处理社会发展中所出现的所有难题，从而可以真正地与所在环境进行融合，实现真正的全面发展。因此，思政教育则必须对中国的优秀传统文化十分重视，以具有中国特色社会主义文化体系作为基础，来展现我国独特的文化内涵。

在我国的优秀传统文化之中，最为重点的内容便是对于思想道德的建设以及教化，而人们常说的"文化育德"以及"文化化人"便是该特点的一个具象化。二者在进行育人的过程中具有优秀的教化优势以及导向功能，尤其是在有着几千年历史的中国社会之中，更具影响力以及号召力。因此，要想更进一步提升思政教育，其首先要做到的便是将我国的优秀传统文化融入思政教育中，有选择性地吸收优秀传统文化之中的优点，将其转变为思政教育的重要内容，以及来提升思政教育的文化发展，真正成为思政教育之中的一项重要资源。文化育人是新时代高校思政教育发展的内在要求，将优秀传统文化与思政教育进行融合，便是其自身发展的必然趋势。

二、文化软实力形成和发挥的基本保障

文化软实力不仅指的是一个国家自身的文化发展水平，更是一个国家自身所具有的文化实力。除此之外，文化软实力也是体现国家与民族自身文化凝聚力、号召力以及影响力的一个重要标志。而文化软实力之所以位居高位，则是由于文化不仅是一个国家的精神核心，也是人们对历史发展的一个认知、对世界的一个感受，更是人们的精神追求。文化软实力的真正作用及其影响，主要体现在国家以及社会发展之中，它能够对社会的发展起到直接影响。文化软实力作为一种精神向心力，它有利于国家凝聚力以及国家合力的形成，有利于促进民族之间的团结，有利于国家政权的巩固以及文化自信的树立，更加有利于进一步推进国家与民族之间共同形成具备自身特色的民族品质。

因此，一个国家要想在枝繁叶茂的世界中立足，面对困难险阻不动摇、不迷茫，则需要发展出一个属于自己的独特文化风格，坚定自身信念以及发展目标，只有这样才可以屹立在世界上众多的民族之中。

中国作为一个统一的多民族国家，更是应当注重增强对于传承至今日的优秀传统文化的重视程度，结合全国人民的共同智慧，投入文化建设之中。而要想真正地将其实现，则需要在各族人民之间真正形成一个所有人都认可的价值认同观，并且将之设立成为全国人民思想的指导方针，从而真正实现中华民族的伟大复兴。若是想使用优秀传统文化资源，那么便一定要结合实际情况，对优秀传统文化进行再次创新，只有不断地进行创新，我们才能够将优秀传统文化之中的内在全部开发出来，只有这样才能够变换成为真正的文化软

实力。

优秀传统文化都是以民族为土壤的，任何民族中的优秀传统文化都是如此，这在整体上所映射出的便是民族与社会的整体思维方式、价值观念以及伦理道德，而这三点则主要体现在人的思维习惯、生活方式、风俗习惯、心理特征之中，并在每个社会人员的心灵深处进行内化以及沉淀，从而凝聚成为一个民族自身独特的民族性格以及社会心理，并将其作为一种以道德教化为重点的伦理型文化。文化自身持有的独特性质则可以使自己顺其自然地拥有教育特质。世界上的众多国家以及民族均十分注重文化的教育特质，并且将其作为一个增强国民素养的重要内容来进行深入推广。这一种做法不但能够十分有效地帮助优秀传统文化在实践之中进行传承，还能够有效地提升国民素养。中国优秀传统文化与世界上众多的优秀传统文化相比，其内容更加丰富，由于我国历经五千年的发展，其所形成的社会主义核心价值观及价值理念，无不特别强调教育思想。

三、现阶段高校思政教育路径的必要选择

只有从文化中汲取优质内容，令思政教育具有文化属性，其内容才能够变得更加丰富。在如今全球化时代，多元文化的优势变得越来越明显，导致了学生的思维发生了极大的转变，但同时也对思政教育提出了更为严峻的考验。中华优秀的传统文化在这个现状之下，更是突出了优秀传统文化自身所具有的优质内涵，而将优秀传统文化融入高校思政教育之中，便是现阶段能够有效解决思政教育所遇困境的一个最为有效的方式。只有真正解决掉了在思政教育路上的艰难险阻，才可以真正地提升思政教育对于学生的实际教育效果。

（一）优秀传统文化是对高校思政教育的补充

现阶段，我国高校思政教育很大一部分都是在课堂中进行的，课堂作为施展思政教育的一个主要渠道，拥有集中教学资源、增强教学效果、突出教学重点等其他教学方式所无法与之相比的功能。除此之外，还应当注意到，随着课堂教学的不断发展，高校思政教学出现了众多的问题以及矛盾。

因此，教师要想真正知晓优秀传统文化对于思政教育的作用及意义，其自身应当付出相应的代价，即对优秀传统文化进行深入研究，从而探索出思政教育与优秀传统文化教育之间的结合点，逐渐形成相对成熟的知识体系及教学体系。实践表明，将中华优秀传统文化融入思想政治教学过程中，能够有效地提升其在整个教学过程中所占的比重，探寻中华优秀传统文化及高校思政教育相结合的方法，提升高校思政教育的实效性，对于吸引学

生、激发学生对于优秀传统文化的热爱有着重要的意义。

（二）优秀传统文化有助于实现"三全"育人

思政教育工作者在学校之中，需要将历史发展眼光的培养放在第一位，从近代开始中国历史的发展趋势及世界历史趋势中来探寻历史的发展规律。而要想实现该目标，那么就不可以将高校思政教育限制在课堂之中，否则，教学则会事倍功半。要想使高校思政教育获得最大的效果，则必须实现所谓的"三全"育人，也就是全员育人、全过程育人以及全方位育人。而在高等院校之中进一步开展思政教育，需要充分运用"以文育人"和"以文化人"这两个在思政教育之中占据着重要位置的内容。

在对校园文化进行塑造时，需要充分开发出丰富的优秀传统文化内容，并将其与校园的实际情况相结合，针对学生思想的特点及变化，设计出适合大学生发展的，却具有优秀传统文化特色、受学生喜爱的校园文化。这一种特色明显的校园文化能够为大学生思政教育提供一个良好的氛围以及内容供应，从而促进拥有优秀传统文化特色的校园文化能够与高校思政教育进行结合，以及更多的拥有优秀传统文化知识的专业教师能够全身心地共同投入对于思政教育之中，从而全方位提升思政教育的育人功能。

（三）有助于提高大学生思政教育价值观

伴随着信息化时代的发展，大学生所处的环境十分容易产生各种思想，这些思想参差不齐，对处于关键期的大学生的思想观念以及生活态度会产生相应影响。因为此时的大学生正在逐渐形成自己的价值观及世界观，十分容易被不良的思想所感染。将我国的优秀传统文化与思想政治结合起来，运用优秀传统文化来做核心，这样对增加思政教育中的深度以及厚度，有着很大的帮助。不仅如此，对于帮助学生形成正确的三观，形成拥有中国特色的文化自觉及文化自信，均有着十分重要的指导意义，从而增强复兴中华民族的信心。

总而言之，在思政教育中，充分地发挥出中华优秀传统文化所具有的价值，真正地实现优秀传统文化与思政教育的融合，实现我国思政教育的创新发展，这对解决现阶段对于学生的思政教育所出现的一系列难题，有着尤其重要的现实意义。而要想真正地将这一想法具象化，则必须在教师与学生中间创建起一个高度的文化自觉，不断地进行创新，以此为基础，创建出一个优秀传统文化与思政教育融合的双方共利局面。

第二节　融合优秀传统文化，丰富高校思政课的教学内容

中华优秀传统文化作为我国重要的精神文化瑰宝蕴藏着丰富的思政教育理念和资源。中华优秀传统文化与高校思政教育融合的具体体现如下：

一、大学生爱国主义教育

爱国主义精神能够为大学生的全面成长提供精神方面的动力，爱国主义也一直是中华民族精神的重点和核心内容。爱国一直是中华民族的优秀传统，爱国是个人在处理自身和祖国情感关系时的基本准则。生长在中华大地上的儿女始终对祖国怀有热爱之情、依赖之情，始终心系祖国的发展，始终将个人发展与祖国的发展联系起来，持续为祖国发展提供力量。无论是国家还是民族，想要屹立于世界之林，都必须依赖于人民的爱国主义精神，爱国主义精神是维持国家团结、凝聚民族全体的核心。

从个体的角度来看，爱国不仅是个人情感的一种体现，更是个人的信仰、是个人在思想层面对祖国的热爱与忠诚。爱国主义是在个人的爱国情感、爱国思想及爱国行为等基础上升华而形成的。当个人形成了爱国主义思想之后，就会受到爱国主义思想的影响，使用爱国主义思想约束自身行为，理性看待个人和祖国的关系。爱国主义的价值观念体系中最为核心的部分是集体主义。对于个体来讲，只有真正把自身发展和祖国利益联系起来，其才能成为真正的爱国主义人士，才可能真正在生活中一直做出爱国的行为和选择。想要引导个体成为爱国者，必须对其进行爱国教育，培养其形成正确的人生观、世界观。想要完成爱国教育任务，需要依赖思想教育，使用思想教育方法。

（一）大学生爱国主义教育的内容

在新时代必须大力弘扬爱国主义精神，把爱国主义贯穿国民教育和精神文明建设全过程。

1. 中华优秀传统文化教育

培养大学生爱国主义情感的重要条件是理解并接受祖国的灿烂文化和悠久历史。要指引人们对祖国的深厚文化和悠久历史进行了解，并汲取其中的智慧结晶，增强自己的自豪感、自尊心和自信心。要做到取其精华、去其糟粕，辩证看待，对中华文化进行创新。要做到对正道进行弘扬，对文化虚无主义进行强烈反对，指引人们把正确的历史观、国家

观、文化观和民族观树立起来，强化自己的尊严感、归属感、荣誉感和认同感。

中华优秀传统文化给中国的发展带来了极大的影响。教育大学生学习中华优秀传统文化，是大学教育必不可少的部分。要指引学生对中华优秀传统文化进行正确的认识，让他们继承和发扬优秀的传统文化。让学生在各种教育活动中更加理解与认识优秀的传统文化。广泛举办各种参与式、体验式的活动，践行中华优秀传统文化教育，举办各种文化教育和节日民俗等宣传活动，让大学生把优秀传统文化落实到行动中，让大学生更加认同优秀的传统文化，让他们自觉地把更加坚定的文化自信与文化自觉树立起来，鼓励他们认真学习优秀的传统文化并落实到实际中，让他们成为继承和传播优秀传统文化的人，这对国家文化软实力的提升、社会主义文化强国的建设来说是非常重要的。

2. 民族精神与时代精神教育

民族精神与时代精神能够让我国不断地繁荣富强。要把大学生培养成为中国梦不懈奋斗的人才，对他们进行社会主义、爱国主义和集体主义等教育，提高他们的文明素养、思想觉悟和道德水平。高校要对我国人民在长期奋斗中形成的四个伟大精神进行大力弘扬，把人们在新时代中的新实践、新作为和新业绩展现出来。

民族精神与时代精神支撑着中国的发展，大学生是我国未来发展的希望，承担着重任，使大学生学习时代精神与民族精神，能让学生形成优秀的道德品质，能让他们树立起中国特色社会主义的信念、马克思主义的信仰和实现中国梦的信心。弘扬时代精神文化、培育伟大民族精神，深入大学生群体，在给学生传授理论知识的同时注意塑造学生的品格，让他们自觉地学习伟大民族精神的时代价值。

高校教师可以开展反映时代和民族的课本剧和书画作品展以及弘扬时代精神与民族精神的活动等，使大学生对社会主义核心价值观有更深刻的理解，树立正确的价值观和人生观，把他们的爱国热情激发出来。每代人都有不同的使命和梦想，要做好历史的交接。在新时代，要让大学生传承开拓创新的精神和艰苦奋斗的精神，使他们树立正确的价值观、人生观和世界观，把他们培养成懂奉献、知奋进的人，让他们早日成为实现中国梦的人才。

3. 祖国统一和民族团结进步教育

中华民族长久以来都渴望各个民族能够团结一致、祖国能够早日实现统一。所以我们要加强相关的思想教育，坚定维护国家利益，反对一切有损国家利益的言行，努力成为国家发展的建设人才，团结进取，奋力推进国家统一，早日实现中国梦。加强民族团结教育和各个民族间的交融、交往和交流，铸牢中华民族共同体意识，让各族人民树立"三个离不开"思想，加强"五个认同"，使各族人民同呼吸、共命运的优良传统薪火相传。

民族团结是实现中国梦的强大动力。近代以来，实现中国梦是我国人民持续的追求目标，全国各族人民是实现中国梦的根本动力。只有各个民族团结一致，才能从实际中维护各个民族人民的主体地位，激发各个民族人民对中国特色社会主义建设的创造活力与参与热情，从而实现中国梦。在教育期间，对各个民族的传统要予以尊重，关怀少数民族的学生，形成良好的民族团结氛围，做好民族团结进步的创建工作，让少数民族的学生成为宣传和建设维护民族团结与祖国统一的人。把民族团结先进典型的指引作用充分发挥出来，深入开展民族团结进步的创建工作。让学生学习民族团结进步与祖国统一的理论知识，提升他们的思想认知，让他们深入吸收这种理论知识并落到实处。让他们用心去维护，并落到实处。在教育期间，教师要依据相关要求，指引学生在维护民族团结与祖国统一的时候，使用正确合理的方法，不违背国家法律，做到"明红线"和"守底线"。

4. 加强国家安全教育与国防教育

国家的安全能保障整个国家的稳定发展。要想在大学生中深入开展与国防和国家安全相关的思想教育，就应该让他们深入学习和国家安全有关的知识，增强他们的国家安全意识，使他们自觉地关心、热爱、保卫国防。对大学生进行国防和国家安全的教育，能让他们对国家安全有更深入的了解，激发他们的爱国之情，使他们维护好国家安全。国家安全事关国家的生死存亡。高校爱国主义教育的重要内容之一，便是指引学生树立总体国家安全、形成正确的国家安全意识。教师在平常的教学过程中，应该从思想上影响学生，让他们对国家安全的重要性有深刻的了解，使他们意识到每个公民都有维护国家安全的义务。国家安全事关每一个人，只有保障了国家安全，个体才有更美好的生活。

(二) 大学生爱国主义教育的原则

第一，爱党爱国爱社会主义高度统一原则。在大学阶段开展爱国主义教育需要做到爱党、爱国和爱社会主义之间的统一协调。高校应该通过教育的方式让大学生了解爱国主义教育更丰富的内涵，要引导当代大学生学习中国共产党人的优秀作风，继承中国共产党人的高尚精神、伟大精神，积极投身于社会主义的建设。大学生在了解到中国共产党人艰苦奋斗的历史之后，更容易形成强烈的爱党爱国的情感。

第二，立足中国又面向世界的原则。如今的世界强调的是开放和互通，世界上的各个国家都处于一个命运共同体中。在这样的情况下，高校进行爱国主义教育时要引导学生联系中国实际、立足中国当下，辩证地看待中国的自主发展和中国与世界的交流沟通。高校在进行爱国主义教育时，应该选择具有红色精神的资源，并且创新教育方式和载体。在此基础上，教师要引导学生了解世界中多种多样的思想，吸收和借鉴优秀的思想内容，并且以开放的态度互通有无，正确看待其他国家的文化，形成人类命运共同体的意识。在坚持立足中国又积极融入世界、面向世界的教育原则的指导下，学生能够形成理性的爱国情感。

第三，与大学生实际相结合的原则。爱国主义教育不能脱离大学生的实际生活，教育的开展要考虑到大学生目前的思想特点、生活特点、学习特点，只有结合大学生的实际生活，从实际出发选择性地运用适合的教育方式、教育内容，大学生思想教育才能取得好的效果。在大学，教师应该为不同阶段、不同群体、不同特征的学生设计不同的学习目标，思想教育要符合学生的思想发展需要，这样，大学生才能主动地参加各种各样的爱国活动，爱国主义教育才可能获得理想的效果。除此之外，从实际出发还要求爱国主义教育渗透到学生成长的方方面面。

(三) 大学生爱国主义教育的路径

1. 发挥课堂教学的主渠道作用

目前，爱国主义教育步入新的发展阶段，爱国主义教育的要求发生重要改变。我国现阶段的改革处于攻坚阶段，在社会中，已经形成了明显的利益分化倾向和结构，并在社会思想观念上发生了很大改变。另外，随着网络自媒体的迅速发展，社会大众都拥有了话语权，在网络环境中，最主要的力量是大学生群体，在众多网络思潮的影响下，特别是当代大学生受普世价值的影响，出现了很多认知偏差和思想偏差，很多大学生开始迷茫。所以，针对这一情况，我们更应该加强宣传力度，引导大学生形成正确的价值观，以丰富多样的爱国主义教育加强对这类学生的引导，由此才能在意识形态领域占据主动权，才能有效避免新时代大学生误入歧途，并且，实现这一目标的主要途径就是开展爱国主义教育。

2. 搭建第二课堂实践平台

当前，高校教育的根本目标是培育担当中华民族伟大复兴任务的新时代青年，这一培养目标符合中国特色社会主义现代化建设的新要求。换句话说，我们应该将爱国主义教育普及到新时代大学生群体中，并将这种教育外化为行动，内化为思想，进而促进伟大复兴中国梦的实现，在课堂教学的过程中，第一课堂固然重要，但也不可忽视第二课堂对培养大学生爱国情怀的积极作用。我们可以通过多种方式开展爱国主义教育，如开展社会实践活动、组织学生参与志愿服务及勤工俭学等，这些活动可以丰富爱国主义教育的内容，并进一步优化教育体系。第二课堂可以将课堂教育内容拓展到更多领域，可以对课堂中的理论知识进行检验，进而达到增强教育效果的目的。此外，第二课堂的实践性和体验性等特征非常明显。

二、大学生文化自信教育

"中华优秀传统文化内容和形式丰富多样，是中华民族五千多年精神内涵的结晶，也是新时代提升文化软实力的重要内容。"[①] 新时代的文化自信理论，从重视意识形态工作、制度文化建设、廉政文化建设三方面丰富和发展了党的建设理论。文化自信理论，坚持民族本位的文化立场、坚持以人民为中心的导向、坚持弘扬社会主义核心价值观，凸显了中国特色社会主义文化的本质。文化自信的实践最终是要发展新时代具有中国特色社会主义先进文化，用兼具民族性和时代特征的先进文化推动中国特色社会主义经济建设、政治建设和文明进步，用先进文化满足人民日益增长的精神文化需要，发挥价值引领、梦想激励的功能，用先进文化彰显中国精神、中国气派，发挥世界影响力。

中华优秀传统文化、红色革命文化和社会主义先进文化，是中华民族在不同历史时期所创造的典型文化形态，体现着中国智慧和中国特质，是我国文化自信的宝贵资源，也承载着中华民族的民族精神和价值追求，成为中华民族独特的精神标志。

(一) 文化自信的相关精神

中国是四大文明古国之一，中华文化起源早，中华民族是一个古老的民族。在中华民族形成和发展的历史上，总是以其顽强的精神和不竭的创造力屹立在世界的东方。世界文化在发展过程中，之所以筛选、保存了中国文化，是由中国文化的包容性、融摄性所决定的。这种融摄性体现在两方面：①中华民族内部的中原文化和少数民族的文化相互融摄，发展出具有包容性开创性的中华文化；②中华文化对外来文化的融摄，是将外来文化不断"中国化"的过程。中华文化在曲折发展、兼容并蓄的过程中，发展出了自己的独特价值和独特标识。

1. 天下情怀

尽管中国古代社会的历史分分合合，但"大一统"的观念随着儒家主流意识形态的确立逐渐深入人心，中国人民要求和谐与统一的愿望越来越强烈。因此，即使在近代中华民族遭遇困难，中国人民依然能够不屈不挠，在中国共产党的带领下进行了艰苦的革命斗争，维护了国家主权与领土的完整。大一统的观念发展到今天，表现为中国人民强烈的爱

---

① 连思敏. 弘扬中华优秀传统文化坚定文化自信 [J]. 水文化，2023（3）：35.

国主义精神。"大同世界"的理想运用到国际关系上，就是要使各个国家之间和平相处、互惠互利。中国自古以来就是爱好和平的民族，中国古代的丝绸之路，就是为了促进和少数民族以及其他国家的经济、文化交流，中国在明代进行的海上活动，其目的不在于对其他民族和国家的征服。中国的发展，是和平的发展，是以天下太平为目的的发展。今天的中国特色社会主义建设，不仅是为了中华民族的伟大复兴，同时也是为了世界的和平与发展。不论是"一带一路"倡议，还是"人类命运同体"概念的提出，除了强调中国的发展与世界的发展的统一性，更加强调中国的发展对于世界和平与繁荣的重大意义。

2. 经世致用

儒学自孔子开始，就非常关注现实世界，对于人类经验之外的世界持"存而不论"的态度，儒学最注重的，就是真实的现实世界，因此，改造现实世界，实现天下太平、天下大治是儒家的理想。对传统的知识阶层而言，明德修身、经邦济世是最高的追求。自先秦开始，儒家文化就表现出一种理性主义的倾向。

近代以来，中国人民在中国共产党的领导下进行了艰苦卓绝的斗争，终于实现了民族的独立、维护了国家的主权。党带领全国人民进行了不断探索，目的就是要将中国建设成为强大的社会主义国家，从而促进社会的和谐与人的全面发展。

3. 兼容并蓄

中华文化的和合精神表现在强大的包容性，中华文化曾经有"夷夏之防""夷夏之辨"的文化优越倾向，这种倾向来自精耕农业基础上产生的农耕文明。从历史发展的角度看，农耕文明确实在很长的历史时期居于领先地位。文化优越的心态，并未造成中华文化故步自封，中华文化之所以辉煌灿烂，就在于其博大的胸怀和很强的融摄性。中华民族发展的历史，就是一部民族大融合的历史，民族融合的过程中，既有汉民族的"胡化"，也有少数民族的"汉化"，从经济到政治再到文化、习俗各方面，中华民族逐渐融合成统一的多民族国家。

4. 与时俱进

中华文化之所以历久弥新、充满活力，在于中华文化追求与时俱进、具有自我革新的生命力。中华传统文化强调"生生之谓易"，重视"革故鼎新""与时偕行"，中华文化骨子里就流淌着变革的基因。哲学社会科学代表了一个时代精神的精华，从这个角度看，中华文化在不同历史时期发展出了不同的思想和理论成果。

传统社会中，先秦时期是第一个思想解放的时期，出现了诸子百家，其中以儒墨二家为主流。秦汉流行黄老之学，重视理身和治国。两汉"独尊儒术"，经学形成并取得了进一步发展。清代朴学重视考据，思想趋向保守封闭。近代以来，中华文化进行了深入的自我反省，中国共产党人在扬弃传统文化的基础上，以马克思主义为指导，诞生了指导中国新民主主义革命走向胜利的思想。在社会主义现代化建设阶段，中国共产党人坚持理论结合实际，发展出了一系列马克思主义中国化的理论成果。在新的历史时期，习近平新时代中国特色社会主义思想充分体现了中华文化与时俱进的理论品质。

（二）文化自信的主要来源

当代大学生重在全面发展，全面发展的过程中文化自信是内在要求，而要担负国家发展和民族复兴的重大任务，文化自信是关键。文化是一个民族之魂，也是维护社会稳定的支柱。中华文化是广大中国人民在历史实践中创造形成的，是中国人民世代相传的文化基因，是当代大学生文化自信的重要来源。

1. 文化自信之根——中华优秀传统文化

传统文化在思想学术方面表现出特色鲜明的时代特征：先秦诸子百家、秦汉黄老之学、两汉经学、魏晋玄学、道教宗派、宋明理学、清代朴学，自董仲舒之后，先秦儒家学说在后世儒者的继承和发展基础上，成为传统社会中的主流意识形态，对于维护大一统的政治局面，对于个人的道德修养，对于改善社会的治理和维护社会的和谐，起到了非常积极的作用。

具体而言，儒家思想在基本价值观上始终关注现实人生和社会，表现出一种理性主义的精神。儒家思想自孔子开始，就将眼光放在现实的人生方面，既以现实的社会人生为研究对象，又以改善现实的社会人生为归宿。现实社会人生的价值取向，使得儒家特别关注两个向度：一是个人的伦理道德修养，即"修身"；二是天下太平的理想，即"治世"，这两个向度基本上囊括了儒家的学术宗旨。

在此基础上，儒家又发展出一套个人道德修养的具体方法和社会伦理道德规范，儒家所提出的修身和治世的具体方法在当今社会仍然具有启示意义。"自省""慎独""乐天知命""变化气质"等修养方法有助于涵养个体的道德人格，"富之、安之、教之""礼教""乐教"等治世方法有助于维护社会的和谐安定。在儒家思想体系中，还提出了许多具有现代价值的思想，如"自强不息，厚德载物"的理念、"制天命而用之"的能动改造自然的思想、"民胞物与"中天人和谐的观念、天下为公的"大同社会"理想等。这些思想和理念可以为人们认识与改造世界提供有益启迪，可以为治国理政提供有益启示，也可以为道德建设提供有益启发。对传统文化中适合于调理社会关系和鼓励人们向善的内容，要结合时代条件加以继承和发扬，赋予其新的含义。除了儒家思想，道家道教中平淡的生活追求、积极人生态度、天地人"三合相通"的治国思想等，都可赋予新的内涵，发挥出在当代社会的特有价值。

中华优秀传统文化不仅塑造着中华民族的精神、推动着中华文明的发展，也对世界文明的发展起着积极的作用。中国古代的"四大发明"对世界文明具有推动作用。明清以来，中国的传统学术如儒家、道家的经典译介逐渐传播到西方，并产生了巨大影响。

在现代社会，儒家思想依然有其强大的生命力和积极意义，儒家所提出的伦理道德观念、以人为本的管理思想、"亲仁善邻"的和平愿望等，对于解决一些全球性问题、对于防止资本主导的社会中人的异化现象，都有十分重要的启发作用。

2. 文化自信之魂——红色革命文化

红色文化的形成，根源于中国共产党带领中国人民在革命和建设实践中所进行的探索，也离不开马克思主义的指导和对优秀传统文化的创造性转化。

红色革命文化的形成，是继承和发扬优秀传统文化的过程。中国共产党人在带领中国人民进行革命和建设的过程中，也自觉继承和发扬了优秀的传统文化，如"自强不息、厚德载物"的奋斗精神、"天下兴亡、匹夫有责"的担当意识、"国而忘家、公而忘私"的无私精神等。这些优秀传统文化中的精华，在中国人民的革命实践中，铸就了井冈山精神、长征精神、延安精神、西柏坡精神等具有时代特征和民族特色的革命文化精神，成为指引中国革命走向胜利的精神财富中的一部分。

红色革命文化对于指明中国革命的奋斗方向，对于制定中国革命的纲领和方针，对于激励中国共产党人和革命群众等方面起到了积极的作用。中国共产党在领导中国革命的过程中以马克思主义为指导、结合中国革命实践、继承优秀传统文化而形成的红色革命文化，不仅对于中国新民主主义革命和社会主义革命的成功起到了积极推动作用，同时也是一笔宝贵的精神财富，在社会主义建设事业中也必然具有积极意义。长征精神，是中国共产党人及其领导的人民军队革命风范的生动反映，是中华民族自强不息的民族品格的集中展示，是以爱国主义为核心的民族精神的最高体现。在今天社会主义建设事业进入新阶段的新时代，传承和弘扬红色革命文化，必然会获取社会主义建设事业不竭的精神动力。

3. 文化自信之本——社会主义先进文化

中国特色社会主义文化，要与优秀传统文化、革命文化有一脉相承的继承性，同时还要具有时代的超越性，是历史性和现实性的统一；要有中国特色、体现中国国情，还要有世界性，是民族性与世界性的统一。

社会主义核心价值观是社会主义先进文化的核心内容。社会主义核心价值观：富强、民主、文明、和谐，从国家层面提出了建设中国特色社会主义的理想和目标：自由、平等、公正、法治，从社会层面提出了实现社会主义现代化的理念和途径：爱国、敬业、诚信、友善，从个人层面提出了社会主义现代化国家个人的价值追求和品质。社会主义核心价值观的提出，使中国特色社会主义建设的目标和方向更加清晰，方法和途径更加明确，它不仅增强了中华民族的凝聚力，也提高了中国人民建设中国特色社会主义的信心和底气。从世界范围内看，社会主义核心价值观既是中国特色社会主义的核心内容，又是中国特色社会主义的价值体系，体现了中国特色和中国气魄。建设中国特色社会主义文化，就是要努力传播当代中国价值观念，努力展示中华文化独特魅力，努力提高国际话语权，充分揭示了中国特色社会主义文化自信的途径和意义。

中华优秀传统文化、红色革命文化、社会主义先进文化是"文化自信"的基础，是中华儿女在不同历史时期的智慧结晶。三大文化虽然是不同历史时期的智慧创造，但它们都深深植根于人民之中，同时也为最广大的人民服务。中华优秀传统文化立足于人的修养，旨在提高全体民众的道德水平和素养。红色革命文化则立足于人的解放，旨在改变人民受压迫的地位。社会主义先进文化则立足于人的幸福，旨在满足人民日益增长的物质文化需要，为社会主义现代化建设提供精神动力和智力支持。三大文化的人民向度，使它们成为文化自信基础的核心。

第三节　优秀传统文化课程赋能，拓展高校思政课的教学形式

一、中华优秀传统文化教育的整体性设计

（一）中华优秀传统文化教育整体性设计的原则

1. 教学内容与教学环节的一致性原则

在学生思想教育中，不仅要挖掘中华优秀传统文化蕴含的思想观念，也要充分挖掘中华优秀传统文化中的人文精神和道德规范，帮助学生全面学习和掌握其内涵，并运用到学习和生活中去。通过优秀传统文化教育，让学生深刻学习和掌握中华优秀传统文化的思维方式、价值取向、伦理观念与理想人格，从而形成一种自强不息的民族精神、修齐治平的家国情怀、崇德向善的道德和人格修养。而这些内容是要通过一定的教学环节设计与实施来实现的，所以，在优秀传统文化教育中，要确保优秀传统文化教育内容与教学环节的一

致性。

（1）教学设计科学规范优秀。优秀传统文化课程的教学设计主要包括教学内容、教学方法等方面。

第一，教学内容设计。教学内容的设计要涵盖课程的主体内容，要针对学生的知识结构、理解能力、身心发展规律、接受情境等诸多因素，对教学内容进行科学合理的设计。合理安排不同教学内容的教学活动，并具体落实到每个知识点，用实例和注释深刻阐述教学内容的重点和难点，把优秀传统文化的理论与学生的生活实际结合起来，让学生学有所用、用有所依。

第二，教学方法设计。中华优秀传统文化的传承和发扬在于不断学习，学习的根本在于教学，而教育与学习重在方法。在优秀传统文化教育教学中，教学的方法可以采用呈现方法、实践方法、发现方法、强化方法。教师教的方法包括讲授法、提问法和论证法等；互动的方法包括班级讨论、小组讨论、学生分享、小组设计等；学生个性化的方法包括程序教学、单元教学、查阅资料、总结分析、比较分类等；实践的方法包括现场观察、实训、见习等。

（2）教学形式灵活多样。优秀传统文化的教学形式可以灵活多样，如可以采用讲授法、讨论法、直观演示法、读书指导法、任务驱动法、参观教学法、自主学习法等。

教师要常结合中华优秀传统文化中的案例进行解析，在课堂教学中将教师的讲解和学生自主学习结合起来，互相促进，共同提高；通过理论与实践相结合，进一步对教师在课堂教学中讲授的知识内容进行巩固和强化，使学生能够加深对所学知识的理解和掌握，而且使所学知识的深度和广度不断深化和延展。

教师要将现代的教学手段不断地融入传统教学手段之中，恰当使用信息化技术进行优秀传统文化教育。在教学中尽量收集适应新形势的、形象生动的教学材料，包括音频、视频和图片等，强化课堂教学对学生的吸引和感染；要旁征博引，触类旁通，将中华优秀传统文化教育和学生的日常行为有机结合起来，拓宽学生道德教育的渠道和视野，在学生视野开阔和教育针对性加强的过程中不断提升教育教学工作的实效性，努力培养德才兼备、素质全面、适应社会的高素质人才。

（3）教学评价准确客观。优秀传统文化教育教学已经初步融合课程与教材体系，而且越来越规范和完善，与德育和思想政治教育课程相结合，共同发挥着思想教育作用，起到了良好的教育效果。纵观优秀传统文化教育教学相关研究，多是突出其重要意义和教学内容，而较少关注教学评价的功能。在优秀传统文化教学评价中，应该淡化知识和能力目标，重视过程和方法的隐性教育功能，确定情感导向，构建以情感教育为导向的监测指标评价体系，为优秀传统文化教学评价的具体实施提供理论基础和学理支撑，并进一步探究教学效果的量化评价和质性评价的有机统一。

学生普遍比较关心最终的考核成绩，所以评价与考核可以成为学生主动学习的指挥棒。如今在学生中开设优秀传统文化课程，不仅是为了帮助学生了解和掌握书本内容，更重要的是为了让学生明确礼仪行为规范，向古圣先贤学习，帮助学生具备良好的人文素养，为其走上社会奠定坚实的基础。过去的期末考核通常旨在考核学生记忆课本的能力，没能体现中华优秀传统文化课程的教学目的。

因此，学生最后的总体评价即最终成绩应该是综合课堂表现、社会实践、日常言行、期末考试等多方面的整体得分。期末考核可以采取闭卷、开卷、命题论文、面试等多种形式，也可以让学生联系自己的学习和生活实践，撰写研究报告和心得体会。重视对学生学习过程的评价，在期末考核评价时加大平时成绩在总评成绩中的比例，尤其是重点考核学生参与实践教学各个环节的表现，从客观上督促学生了解更多的中华优秀传统文化，更好地达到优秀传统文化的教育效果。

综上，要依据教育目标，保持教学目标和学习目标的一致性，保持教学内容和教学环节的一致性。在优秀传统文化课程教学中，应从六方面来考查教学效果：①目标与所涉问题的一致性；②目标与讨论方式的一致性；③课程目标与教学环节的一致性；④教学目标与教学评价的一致性；⑤教学内容与教学环节的一致性；⑥课前评价、课中评价与课后评价的整体性和一致性。

在优秀传统文化课程教学中，教师要设计与学习目标、教学内容与教学环节相匹配的评价方式，以此来评判学生的学习状况，从而进行及时的测评与反馈。在教学中，教师是课程的执行者，也是课程的创新者和研究者。教师必须从分析学生学情出发，从教育目的出发，从教学内容出发，将目标与原则、学习与评价、方法与方式、内容与环节联系起来进行统一安排和设计。

2. 优秀传统文化教育与校园文化建设的一致性原则

优秀传统文化教育与校园文化建设具有一致性。学生精力旺盛、思维活跃，容易接受新事物，是传承中华优秀传统文化的新生力量。中华优秀传统文化融入校园文化建设意义重大。充分利用学生的独特优势，发挥校园文化的育人功能，能很好地培养学生成为中华优秀传统文化的传承者，让中华优秀传统文化代代相传。

优秀传统文化教育要与校园的物质文化融合。每所学校都有着不同的发展历史，也有着不同的校园物质文化风格，校园环境的文化内涵及人文精神在一定程度上是通过物质文化来传递的。学校可以通过实用、精巧的校园景观设计，将校园物质文化融入其中，以推动中华优秀传统文化与校园文化的有机结合，这对学生的思想有潜移默化的作用。比如，在校园的绿化带设立凸显地域特色和风格的艺术造型；在校园内竖立各专业方面的领导人物的塑像，展板上张贴领军人物的成果及他们对社会的贡献等内容，也可以张贴名人名家的名言警句等，展现他们的思想风格和精神；开辟传统节日场所的彩色灯光或节日喷泉等内容，以景渲染优秀传统文化氛围等。通过这些物质载体，使得学生的爱国、爱家精神以及民族自豪感油然而生，从而彰显校园物质文化的活力。

优秀传统文化教育要与校园的精神文化融合。校园文化建设除了物质文化建设以外，还包括精神文化的塑造。精神文化的塑造可以提炼中华优秀传统文化的精髓，比如用校训来表现学校的优秀传统文化思想。校训是一所学校的灵魂，体现了一所学校的办学传统，代表着校园文化和教育理念，是校园人文精神的高度凝练，是学校历史和文化的积淀。此外，还可以通过校徽来体现校园文化，校徽彰显了学校的办学理念和人文精神，突出了学校独特的文化内涵和精神底蕴。校歌也是充分体现学校的优秀传统文化思想观念、价值观念的文化载体，是表现学校整体形象的音乐载体，是学校教育理念、校园精神、办学特色和优良传统的集中体现，是学校优良校风及教风、学风的高度概括，是引领学校发展方向的精神宣言。这些形式，都充分体现了优秀传统文化的思想精髓。

优秀传统文化教育要与校园文化活动融合。校园文化活动为学生展示了校园独特的文化个性，也为学生学习优秀传统文化、展示自己的才能提供了广阔的平台，使他们的业余生活变得丰富多彩。学校团委可以通过社团活动等形式，开展丰富多彩的社团活动，根据学生的特点适时地进行优秀传统文化教育，如校史展览、书法绘画展览、优秀校友展示、国学知识讲座、优秀传统文化知识竞赛、历史话剧比赛、古诗古文朗诵比赛、优秀传统文化微电影大赛、历史事件演讲比赛、辩论赛、名人报告会等。力求通过开展多种校园文化活动，让学生亲身感受到校园文化的魅力，使学生对优秀的民族文化与传统美德产生认同，激发学生学习和传承中华优秀传统文化知识的热情，提高学生的民族认同感和民族自信心，使他们能够真正继承并弘扬中华民族精神。

3. 优秀传统文化教育与社会实践的一致性原则

中华优秀传统文化是中华民族集体智慧的结晶，通过社会实践活动来学习优秀传统文化，可以不断提升个人素质和品质，激发学生对优秀传统文化的兴趣和热情，为其接受深层次的精神内核打下良好的基础。在社会实践过程中，学生能够接触到大自然给予我们的宝贵文化遗产，这些文化包含着先民对资源的认识、对开发自然的态度，包含着对当前生产的要求、对未来生活的向往。参加这种社会实践，无疑能够使学生更加清楚地认识到个人在自然和社会中的位置，实现内心世界和外部世界的统一，树立起正确的人生观和世界观；还有利于培养学生宠辱不惊的态度和百折不挠的进取之心，能够使学生具有良好、乐观的生活态度和坚韧的意志，促进学生的全面发展。

为了确保优秀传统文化教育实践活动的教育意义，社会实践基地必须进行仔细的调查研究，必须符合学生的特点和学校自身特色文化的精神价值和内涵。明确优秀传统文化教育的目标，在社会实践中开展优秀传统文化教育，培养学生的道德修养和家国情怀，促使他们形成良好的道德品质，提升学生的民族自豪感。

同时，还要不断深化学生社会实践的内涵，学生优秀传统文化教育实践不应局限于学习知识、调查情况、掌握技能，还要在此基础上有意识地引导学生展开对现实社会问题的思考，思考国家的发展和民族的复兴，思考如何把个人命运与国家命运结合起来，着重培养学生积极参加实践、努力服务他人、奉献社会的思想意识和观念。通过社会实践，让学生能真正地感受和接触社会主义现代化建设的新成就，进而增强民族自信心、国家认同感、文化认同感和社会制度的优越感，最终通过社会实践不断培育和升华中华民族精神。

社会实践基地的优秀传统文化教育意义重大，并且面向不同阶段的学生群体，任务繁多，因此在明确教育目标的同时，学校一定要加强组织管理，确保课程的针对性和有效性。在活动开展中，要保障学生的参与度，激发学生对优秀传统文化的兴趣，从了解到体验再到个人感悟，帮助学生形成一条完善的知识学习链条。

加强学生社会实践基地建设，应当从实习基地抓起。从整合当地社会资源和文化资源入手，联合教育行政部门、学校和家庭，共同建设稳定的实践基地，有计划、有组织地引导学生积极参加实践活动，通过参观学习、生产劳动等形式帮助学生感受优秀传统文化的精神内涵。在学生社会实践基地建设过程中，要注重完善社会实践基地的结构和功能，形成类型多样、功能齐全、教育结构完善的实践基地，充分发挥社会实践活动的优越性，推动学生全面学习和践行中华民族优秀传统文化精神。

在社会实践中突出教师的作用，鼓励优秀传统文化理论知识深厚、社会实践经验丰富的教师积极参与实践，这是保障学生实践活动有效开展的前提。在实践活动中，教师不仅要传授优秀传统文化方面的理论，而且要善于组织优秀传统文化实践活动，启发、引导学生在实践中感受中华民族的优秀传统文化，使优秀传统文化的核心精神能够贯穿在学生的其他学习和生活层面，提升学生的理解效果。

另外，还要对指导教师进行积极有效的考核，通过明确工作任务、职责和工作内容，制定科学合理的考核制度，定期或不定期地根据教师的工作态度、工作成效来考核和评价优秀传统文化实践指导教师，以激发教师的积极性和创造性，保障优秀传统文化教育的实践效果。同时还要创造良好的学习氛围，为实践活动的开展提供保障。在政策上、财力上给予教师支持，加大在实践活动研究、外出考察等经费上的投入，保证优秀传统文化的社会实践效果。

（二）中华优秀传统文化的教育体系与活动设计

中华优秀传统文化必须覆盖教育的各个学段，根据不同年级选择不同的教育内容，做到优秀传统文化教育的无缝衔接。中华优秀传统文化教育要贯穿学校人才培养的全过程。积极开创学生优秀传统文化教育与思想政治教育有机融合的全新局面，形成思想政治教育的新格局。

1. 完善中华优秀传统文化的教材体系

目前，优秀传统文化教育教学缺少高质量的教材，教材内容良莠不齐。一些学校开设的选修课程大多依据教师个人的讲义，没有形成规范的教材，这在一定程度上制约了优秀传统文化教育的开展。因此，必须组织国内一些传统文化方面的专家、学者，编写优秀传统文化课程所需的教材。

在编写优秀传统文化教材时，要遵循以下原则：

（1）所编写的教材一定要符合教育方针。我国教育肩负着培养德、智、体、美、劳全面发展的社会主义事业建设者和接班人的重大任务，必须坚持正确的政治方向，以立德树人为核心，构建优秀传统文化教材体系。

优秀传统文化教材大体包括三部分内容：①文本类的内容，包括文艺作品、史学作品、学术著作等，这类内容一定要多诵读，没有长时间地诵读，很难理解原文及其背后深刻的文化思想和内涵，文本类的内容是优秀传统文化的核心；②知识类的内容，包括古代传统习俗、古代社会制度、古代生活常识等，这部分内容不一定需要阅读文本才能完成学习；③技艺性的内容，这一类内容可以不依赖文本来学习，比如舞蹈、书法、茶艺等，这些内容即使倒背如流也不一定能掌握其技巧，必须练习并接受教师的指导，才能学好和领会。

（2）优秀传统文化教材不仅要体现优秀传统文化精神、文化知识、道德行为规范和价值取向，还要注意内容的实用性、科学性和时代性，使所选内容与当前学生的日常生活、思想取向息息相关。

（3）优秀传统文化教材的编写要考虑学生的学习能力，要立足于中华优秀传统文化基本内容的普及，注重学生基本素养的培养和提高，因此内容不宜太深。现在的部分传统文化教材内容在各自的专题内阐述得过深过细，使得学生一时难以接受消化，而且知识面也很窄小，不能帮助学生全面系统地了解优秀传统文化。

（4）优秀传统文化教材的编写要注重综合性和专题性的结合，这就要求优秀传统文化教材内容要分成两部分：①优秀传统文化综合性的呈现教育，要求内容宽而广；②专题文化教育，以优秀传统文化的各个专题为对象，要求内容狭而深。

在编写优秀传统文化教材时，教材内容的选择应体现综合性。编写能反映优秀传统文化发展全貌内容的教材，让学生能从整体上认识中华优秀传统文化的博大精深。在学生对优秀传统文化内容有了全面的了解，具备了整体感后，再进入专项内容的学习。对于综合性的优秀传统文化教育，应该采取必修的形式，并计入学生的学分；专题文化教育则可针对不同的专业有针对性地展开，采取选修形式。同时，优秀传统文化教材的专题文化部分可以根据学校的专业设置进行编写，重点突出与专业方向一致的专题，将专业和优秀传统文化内容挂钩。优秀传统文化内容非常丰富，内容涵盖诸多方面，专题设置也应本着求全的原则尽可能多地涉及所有优秀传统文化内容。

2. 开设中华优秀传统文化必修和选修课程

近年来，随着我国教育的不断深入、综合国力的提升以及国际影响力的日益增强，中华优秀传统文化的传播速度也在不断地加快，在学校和社会广泛掀起了弘扬优秀传统文化的热潮。

目前我国优秀传统文化课程主要有通识教育和精英教育两种形式。在通识教育方面，很多学校已经开设了中华优秀传统文化的选修课程，并出版了中华优秀传统文化方面的一系列教材和专著；有的学校开设了面向全校学生的公共必修课程，后来转为选修课程；有的学校开设了中华优秀传统文化的通识课程。在精英教育方面，一些学校创办人文科学试验班；有的学校在国内率先创办国学试验班；还有的学校正式成立了国学院。这些举措极大地推动了中华优秀传统文化教育的开展，为中华优秀传统文化教育的进一步开展积累了非常宝贵的经验，取得了很好的效果。

在中华优秀传统文化教育方面，大多数学校很多课程基本上都是作为公共选修课程开设的，因而，在课程设置数量、学时安排、教材编写、师资配备、学生选课范围等诸多方面都缺乏相应的保障，致使优秀传统文化教育教学效果不是非常理想。

（1）开设中华优秀传统文化必修课程。中华优秀传统文化必修课程开设的出发点是有利于培养学生的文明思想和行为，丰富学生的精神世界，促进学生的全面发展；有利于学生继承和发展中华优秀传统文化，使中华优秀传统文化在继承中发展、在继承中创新；有利于弘扬中国文化和民族精神，提高民族自信心和自豪感，建设中华民族共有的精神家园；有利于提升学生对中国文化价值的肯定，激发当代学生对自身文化生命力的坚定信念，明确学生发展中华优秀传统文化的历史责任，使学生勇于担当、勇于实践；有利于提高当代学生的科学文化素养和思想道德品质。

增设有关中华优秀传统文化方面的必修课程，针对文学专业和国学等专业的学生而言，"古代汉语""现代汉语""国学概论"等概括性的课程可以作为专业必修课程；"中华优秀传统文化通论""中华优秀传统文化学生读本""中华优秀传统文化概论""中国文化课程导读"等可以作为公共课程；而"中西文化比较""中华优秀传统文化论坛""中华优秀传统文化十讲"等专题课程以及原著类课程，应该作为专业选修课程或者公共选修课程出现。

（2）增设中华优秀传统文化选修课程。

第一，巧借本地特色设置选修课程，有效地传承当地非物质文化遗产。学校在选择选修课程内容时，可以结合当地特色，与当地非物质文化遗产传承人建立联系。以潍坊为例，这座历史文化名城蕴含着丰富的优秀传统文化，如潍坊风筝、木版年画、高密扑灰年画、诸城古琴、高密剪纸、核雕、刺绣、昌邑小章竹马、高密秧歌、青州花毽等，一系列非物质文化遗产带给我们的不只是潍坊当地厚重的文化传统，还有浓厚的文化底蕴。在潍坊当地的学校，可以建立潍坊优秀传统文化相应内容的选修课程，并建立非物质文化遗产传承教育基地和工作坊。

第二，有意识地培养一支校内相对专业的选修课程师资队伍。根据本地地方特色、本校师资以及学生的基础等情况，结合可以作为学校长期开设的选修课程，选择有一定兴趣特长和一定专业背景的教师，并定期安排专业培训，培养一支本校专业的选修课程师资队伍，以确保选修课程开设的质量。

第三，合理安排选课班级和选课人数。根据学生的需要，开设数量相当的选修课程，这就需要提前对学生的选课倾向进行调研。针对选修人数较多的同一课程，可以适当增加班级容量；或者设置多个班级，由多位教师承担教学任务。针对选修人数较少的课程，可以适当减少人数设置。

第四，建立合理的考核机制。为调动全体教师选修课程的任课热情，学校要建立合理的考核机制。基于选修课程是专业教学任务之外的工作量，虽然选修课程课时不多，但备课和查找相关资料须花费很多精力，所以学校要积极肯定教师的付出，给予选修课程的教师适当的课时补贴，以调动教师的积极性。

（3）开设优秀传统文化选修课程的注意事项。

第一，中华优秀传统文化选修课程的开发设计要凸显时代性，既要符合教育目的的要求，又要贴近学生的生活实际，借助学生的生活体验及其原有的知识储备，做到有的放矢，真正使中华优秀传统文化教育落到实处。

第二，中华优秀传统文化选修课程的讲解要兼具知识性和趣味性。在选修课程中尽量多地引入优秀传统文化中的典故、历史故事等内容，增加学习的趣味性，让学生在快乐中学到优秀传统文化知识。中华优秀传统文化中的典故都从社会生活中长期积淀而来，与现实生活有着千丝万缕的联系，有着非常好的教育意义，合理地引用典故，常常能使同学们在潜移默化中习得知识，在欢乐中接受文化，在学习中提高智慧。同时，所选的典故材料要典型生动、活泼有趣，且具有深厚的文化内涵和丰富的寓意，最好是同学们知道、了解，但未升级到理论的内容，这样能接近学生学习的兴奋点，从而使得学生们愿意积极参与，更有利于培养学生探索的精神和能力，提高学生的民族文化品位。

第三，选修课程要尽量结合各学科专业的特点进行设置。将专业学习中可与优秀传统文化结合的点进行归纳、总结。

二、现代优秀传统文化教育的课程方法与评价

（一）优秀传统文化教育目标的现代定位

1. 课程内容与社会文化

人类最初的教育活动，是在社会生产和日常生活中通过言传身教，传授系统化的生产生活经验与礼仪、知识技能及伦理道德规范。后来，出现了专门从事梳理、研究和传授知识的脑力劳动者，在原始社会末期产生了专门对青少年进行教育的机构——学校。早期的学校主要是训练和教授青少年生活自理能力、社交礼仪和行为规则，同时在成人带领下参与房屋建筑、手工制作、农田耕种和祭祀歌舞活动等，在具体的社会劳动和文化生活中学习相关知识与技能。进入文明社会后，春秋战国时期的学校就有了系统化的专门课程——六艺，即礼、乐、射、御、书、数，青少年可以脱离社会劳动接受专门和系统的礼仪、音乐、射箭、驾车、阅读和算术知识与能力的教育。

长期以来，科学文化知识是学校教育课程的基本内容，学校教育也是以教师通过课程向学生传授科学与人文知识为主而展开的。传统的知识是脱离人的主观感觉经验的永恒的和绝对真理的象征，与个人的或阶级的主观认识和观念没有直接关系，其标准是符合现实发展规律。学校课程教授的知识，因而也是客观的、中立的和普遍的规律性真理。普及现代学校教育观念就是不分社会阶层，使更多的人接受公共学校教育，以保证每个人的社会发展公平性，这已经成为现代社会文明发展程度的标志。

学校作为一种社会组织，其课程设置和内容选择与社会权力分配和社会控制有着不可分割的联系。代表少数人的社会权力通过控制学校课程，对广大青少年实施资本主义市场

意识形态的渗透。之后的后现代主义、后结构主义，也明确揭示了知识的社会性，以及知识的等级与社会等级相一致的真相，即学校课程传授的知识是社会权力的体现。

其实，这种知识社会性的研究取向，忽视了人类知识本身是人们认识世界和改造世界的基本依据，容易造成课程知识与理论的"真空"。而社会实在论知识观认为，日常的"经验"包含事物之间的恒定联系——知识，知识从日常生活经验中抽象和概括出来的过程其实具有"程序客观性"，这种客观性能够使其超越特定社会历史情境而真实存在，不受特定社会群体利益的控制而具有一定自主性。但是，知识的产生依据特定时间、情境和具体的人等因素，具体的知识成果并不一定是永远正确的，而是一种可能包含谬误的真理或非绝对真理，科学知识、理论和规律等因而会随着自然和社会变革而发生改变。因此，学校中的课程并不是任意建构的，课程知识选择的逻辑起点也不应是学生个体的经验和兴趣，应该是超越学生自身经验局限的知识，使学生获得改变自身和社会的能力，这也是学校帮助学生超越社会阶层局限的重要功能，是实现教育公平和社会公正的重要基础。

关于"教什么"或者说"教谁的知识"则是"培养什么人的问题"，这是课程的软实力——社会文化的控制权问题。新教育社会学及后现代课程观强调课程知识的价值负载和阶层属性，西方现代学校课程包含着日益垄断的资本主义意识形态，这种课程所包含的文化价值，对大众或其他国家进行着文化同化和文化殖民。因此，现代学校课程要考虑社会统治者之外的各阶层、种族、性别及亚文化所代表的边缘群体的文化传承与发展，学校课程设置要挑战知识中的不平等的权利关系，课程知识系统也应该成为各种不同社会群体展现和传承自身文化的话语权空间。这实际上是课程软实力和话语权问题。

坚定"教什么"和"为谁教"的立场，要以批判性的眼光和开放的心态，引领学生正确地对待自己的文化传统，准确地认识这个世界，在知识传授与学习过程中摆脱文化殖民的影响，从而使学生接受学科知识教育，加深和提升他们对优秀传统文化的理解与传承素养。正确处理课程知识与社会文化传统的关系，是课程文化走向成熟化、现代化的重要标志。

2. 现代优秀传统文化教育目标的定位

当今世界各国多将优秀传统文化视为公民人格养成的重要资源，将之作为强化族群对自身民族文化认同和化解社会精神危机的重要方法，优秀传统文化教育已经成为现代教育的重要组成部分。

优秀传统文化教育不是一个学科教育，而是渗透到各学段、各学科乃至家庭、社会的综合性与实践性非常强的生活化教育，是优秀传统文化教育与学科并列的课程设计与实施。因此，现代优秀传统文化教育不是简单地恢复古代文化教育，而是落实党和国家的教育方针，通过加强中华优秀传统文化教育，引导青少年学生更加全面准确地认识中华民族的历史传统、文化积淀、基本国情，认清中国特色社会主义的历史必然性。这对于广大青少年坚定走中国特色社会主义道路，树立为实现中华民族伟大复兴中国梦而发奋学习的理想信念，具有重大而深远的历史意义。

（二）现代优秀传统文化课程的资源选择

1. 学习经验与课程资源的选择

教学目标确立后，会面临如何选择学习内容及其相关资源的问题。其实，与许多教师困惑的相反，摆在我们面前的资源要比我们想象的多，有静态的、动态的，过去的、现在的，个人的、公共的，校内校外的以及不同形式和材质的等。这些好像无所不包的课程资源，其实经过教师非常专业化地选择后，真正能进入课程的只是极少数。其中，学生的前期学习经验就是达成教学目标的重要课程资源。

（1）学习经验的选择。经验包含着主动和被动的因素，在主动方面，经验就是尝试，相当于实验；在被动方面，经验就是承受结果。经验既包括经验的过程，又包括经验的结果。学生的已有经验与新学知识是一对矛盾。教学的目的就是要解决学生已有经验与新学知识这一对矛盾，并努力将二者统一起来。

学习经验是指学生探究问题时所做出的积极思考和尝试，具体而言，是指学生在探究分析和体验问题解决的过程中，将已有经验和环境资源对比或融合而形成认可或否定的反应，其结果是知识、能力和情感等方面认知水平的提升和态度的改变。在教师指导下，学生在基于已有的学习经验积极探究包含学习目标的问题时，会在完成学习任务过程中得到新的学习经验。这是学生学习行为真实发生的过程，学生所收获的不仅是知识，而且也有能力的提升和情感的体验，还有超出学习目标的经验生成。

因此，学习经验的含义要比通常的经验更深一层次，学习者基于已有的与学习目标相关的经验，才能在达成学习目标过程中获得新的学习经验。因此，学习经验更强调两者之间的互动，而不是单一的输入输出。经验强调外部环境对学生的重要性，环境的某些特征对学生有吸引力之后，学生才能产生经验；而学习经验是指学习者基于一定的学习任务或愿望，在与环境等外部条件相互作用过程中产生的反应结果。

（2）课程资源的选择原则。学生已有经验和教师提供的教材等辅助材料、环境条件和学习活动等，都是教师教学和学生学习的课程资源。选择合适的课程资源，能够有效地促进学生学习经验的生成，这是达成学习目标的关键因素。课程资源的选择原则，具体包括：①所选择的课程资源不仅与学生已有的经验相关，而且隐含着学习目标，能够使学生在形成新学习经验过程中不丢失学习目标并达成学习目标；②课程资源能够引起学生的好奇和兴趣，能够使学生获得满足感和成就感；③课程资源的难度要符合学生的认知水平和心理发展水平；④隐含学习目标的课程资源要有多种组合，使学生可以通过不同资源产生完成学习目标的不同学习经验；⑤在学生形成学习经验过程中，教师要注意课程资源不仅有利于既定学习目标的达成，还要引导学生生成其他体验。

因此，教师在关注群体的普遍需要时，还要进一步分析群体内部学生个体发展的特殊需要。教师要预见到在设计的学习资源条件下学生所能产生的反应，并关注这些反应是否与他们的期望相一致。

2. 现代优秀传统文化课程资源

（1）现代优秀传统文化的教育内容。教育内容是指为实现教育目标经选择而纳入教育活动过程的知识、技能、行为规范、价值观念、世界观等文化总体。广义教育内容包括学校和非学校教育内容；狭义教育内容特指学校教育内容。

首先，中华优秀传统文化中的知识，主要包括：中华优秀传统文化的历史分期，中华优秀传统文化与中国传统文化的体系特点，经史子集等文化典籍中的哲学、政治、经济、军事、历史、文学、艺术、科技和工农业生产思想体系，以及中国古代少数民族文化、中华民族英雄文化、近现代红色革命文化、中国古代科技发明、中华民族物质文化及其遗产、中华民族非物质文化及其遗产、中国传统艺术等。

其次，中华优秀传统文化中的技艺，主要包括劳动歌、仪式歌、时政歌、儿歌、传说等形式的民间文学，剪纸、年画、鼻烟壶、彩绣、皮影、口技、布袋戏、变脸、捏面人、绣花鞋、吹糖人、核雕、空竹等传统工艺美术，曲艺、戏曲、歌舞、传统体育竞技等传统表演艺术，优秀传统节日和民间交往传统仪式等。此外，还包括传统农业生产、牧业生产、渔猎生产等传统生产知识与技能；与传统生活有关的衣、食、住、行等生活知识与技能，譬如服饰方面的织、印、绣、染技能；饮食方面的烹调、腌制、酿造技能；建筑方面的堪舆、选材、选址、温控、营造技能；交通方面的舟车制作、路桥建造等技能；与中医药有关的正骨、针灸、推拿技术和中草药炮制技术等。

最后，中华优秀传统文化的精神世界，主要包括中华民族的世界观、历史观和人格观，如有关天人合一世界观和历史循环变易的观念，自强不息的民族精神、修齐治平的家国情怀、崇德向善的道德追求和内圣外王的人格修养等。

（2）现代优秀传统文化课程教材。教材是依据课程标准或课程纲要规定的教育目标和主要教育内容编制的、能够系统反映某一学科教学内容的教学用书。教材是课程标准或课程纲要的具体化，通常按学年或学期分册编写而成，每册教材一般要划分出学习单元或章节。教材也包括相关的指导用书、辅导读物及音像资料。优秀传统文化教育教材有融入各学科内容的教材、优秀传统文化教育学科教材，另外还有专门开发的各种形式或材质的优秀传统文化教育教学与学习指导或辅导资料，以及相关的工具书、挂图、图表、幻灯片、电影片、音像磁盘和教学程序软件包等教学辅助用具。

总之，优秀传统文化教育课程资源既有静态的文字资料、音像资料和环境实物材料，也有动态的活动项目；可以是教室或实验室的封闭环境资源，也可以是校外的开放式社会资源或自然资源；既可以是古代历史的史实和流传至今的民间风俗，也可以是近现代红色革命事件和历史人物事迹；等等。

（三）现代优秀传统文化课程的评价体系

优秀传统文化教育总目标和任务的落实，要依托相应的知识、行为、能力和情感课程目标的达成与生成。因此，优秀传统文化课程评价具有多层次性、多侧面的复杂性。课程评价的目的是发现存在的问题及其原因，优秀传统文化课程的评价为学生学习和行为转变以及教学改进提供参照。不同形式的、合理有效的优秀传统文化课程评价，有利于克服知识化、简单化和结论化，也为优秀传统文化课程设计与创新提供决策基础。

1. 过程性评价

过程性评价强调对学生的学习状况、学习成果、课堂参与度、明辨性思维等教学环节或学习状态实行全方位、多角度、分阶段的综合考查。它既观照学生学习能力的发展变化，也关照学生学习态度的养成和学习习惯的改善，主要从智力性因素与非智力性因素两方面解析影响学生学习效果的原因。因此，过程性评价是教师关注学生课堂学习收获，以及判定其情感意志发展与否的一项重要内容。

过程性评价主旨是过去与现在学习状态各方面的比较，评价的功能主要在于及时反映学生学习中的情况，促使学生对学习的过程进行积极的反思和总结，并不是给学生下一个结论而已。因此，优秀传统文化的过程性评价应贯穿教学始终。

（1）通过非正式的评价来检查学生的原有知识，以帮助教师观察学生一些可能存在的学习障碍和促进学习的特征，以协调学生熟悉的社会文化背景和气质特点的课程资源。这些资源可以帮助教师确定学生是否可以开始新的学习，以及如何根据不同学生的需要来设计教学。

（2）在课程实施中，评价证据的收集应集中在学生是否理解教学内容上。过程性评价应围绕着学生的学习活动来观察、倾听和收集学生理解状况的证据，帮助教师及时地发现和纠正学生错误的概念与行为。学生做的所有事情，比如听课、小组讨论、完成课堂作业、提出或回答问题的状态、进行小课题项目研究与参与调查活动的进度等，都是了解学生理解程度的有用信息。教师要把这些信息尽可能及时地反馈给学生，并做出进一步的教学决策。

（3）在教学与学习活动之后，教师还应该继续注意观察学生的言行举止、思想面貌的变化，并做出评价。虽然这种评价具有总结性评价的特征，但是，这主要是收集学生课堂学习状态信息的延续。这时收集到的信息及评价，将有助于教师决定是否还要在该项目主题上进行补充，是否需要尝试新的教学方法，或者是否应该进行下一步的学习。因此，这种评价是基于整体性的学习过程，本质上还是过程性评价。

2. 总结性评价

学生在一个单元、一个模块或一个学期的学习结束后，对其最终学习结果进行的评价，都可以说是终结性评价，其目的是对学生阶段性学习的质量做出结论性评价，评价的方式是给学生下结论或者打分数。对学习达成结果的恰当评价，也是对教师教学效果的一种评价和诊断。总结性评价是一种传统的评价方式，也是传统上最令人信服的一种评价。

优秀传统文化学科课程，目前在学校教育中尚属于"副科"或"软学科"。但是，就发展学生文化自信和国家文化强国战略而言，扎实和过硬的优秀传统文化基础素养是社会各行各业对从业者的基本要求。因此，优秀传统文化学科的终结性评价，应该通过合理和恰当的终结性评价使优秀传统文化学科"硬"起来，使之成为学生学好主科和提升综合素质的坚实基础。优秀传统文化课程总结性评价应该注重学生学习成果的评价，如单元学习效果测试评价、平时学习表现性评价和档案袋记录考评，也可通过诵读诗文竞赛活动，以纸质、多媒体等形式呈现作品或现场表演节目等，进行学习成果展示，由教师、同学及家长来评价。

（1）发挥总结性评价的定量作用。总结性评价的重要作用之一是为学生打分数，给出定量的评价，是学习成绩及格或优良的标准。优秀传统文化课程中古典诗文的熟悉程度，应该是对学生进行总结性评价的主要内容。现代学校教育反对死记硬背，但是必要的诗文积累量是学生形成优秀传统文化价值认同和文化素养高低的重要基础。因此，根据课程纲要的要求、学生认知能力和年龄特点，在课程方案中应该明确需要学生熟练记诵的诗文篇目及评价标准。学生在学习过程中要了解相应的评价标准，教师要通过合理的方法，引领学生达到学习标准要求。

（2）发挥总结性评价的定性作用。给学生的学习结果打一个等级，也是总结性评价的重要方式。对学生的学习表现和具体参与程度等方面的评价，可以利用评定等级的方式。评定等级的方式，一般不能用于对情感与品德等发展性结果的评价。定性的总结性评价可以用于学习单元或阶段性目标评价，目的在于增强学生的自觉性，提醒学习进度，及时弥补与目标的差距。更为重要的是，要改革古典诗文评价的方式，尽量避免学生刻板背诵等学习成果考查评价方式，应该考查其理解或应用方面的表现。

（3）避免总结性评价的负面效应。评价的作用不仅是检验教学是否达到了教学目标和学生达成学习程度，还要考虑对教师和学生个人尊严、名利的影响。因此，要最大限度地规避终结性评价的负面效应，不能使优秀传统文化学科教学与学习异化成"考试考什么教师就教什么"，使原本生动有趣的文化学习与体验成为枯燥乏味的死记硬背和试题讲解。

总结性评价不一定以学期或学年为单位，也可用于进行单元或模块的及时定量或定性评价，促进学生对学习目标的校准和学习状态的调整，真正起到调动学生学习优秀传统文化课的积极性和能动性的作用。

3．综合性评价

学生综合素质评价是我国新一轮课程改革最为鲜活的亮点和实践创新。开展优秀传统文化学科课程综合性评价，是落实课程改革精神，构建科学合理的评价体系，推动优秀传统文化教育深入开展的有效措施。

（1）综合性评价的原则。

第一，评价方式多元。优秀传统文化课程综合性评价体系主要包括学生课堂学习过程的表现评价、不同学习阶段的终结性评价、参与主题活动评价以及个性化专长及表现评价。

第二，评价主体多元。优秀传统文化教育的综合性，要求评价主体不限于学校或教师，应该是多元的，要体现自我评价，注重发挥他人评价的作用，同学、家长、社区人员都可以参与评价。

第三，评价关注个性化。优秀传统文化素养的人文性，注重突出个性化评价，对鼓励个性化的学习理解和能力发展进行激励性评价。

第四，评价体现日常行为。优秀传统文化教育的实践性，要求综合性评价要注重评价日常行为表现，体现学生文化自信、知行合一等日常表现，以增强学生提高文化素养的自觉性。

第五，评价注重激励性原则。优秀传统文化课程对学生的评价要贯彻激励性为主的原则，关注学生学习过程中的点滴进步，及时表扬肯定，激发学生学习优秀传统文化的兴趣和热情，关注培养学生向善、向真、向诚的处世态度，并注重促进学生个性化发展。

（2）综合性评价的手段。综合性评价是在阶段性评价与总结性评价的基础上形成的最终评价结果，包括定量评价与定性评价。定量评价是科学客观的，也可能是片面、局部的；而定性评价也并不全是主观的。根据中华优秀传统文化课程的教学目标和教学特点，在进行综合性评价时，定量评价和定性评价应各占 50%。

第一，定量评价。定量评价就是注重过程性记录，对学生学习中华优秀传统文化的情况进行比较科学准确的记录，通过综合这些记录的情况，对学生的学习做出综合评价。主要包括：①课时学分。对学生参加课堂学习的情况做出学时记录，准确记录学生的课堂测试、阶段性测试情况。②活动学分。根据教学计划确定每次活动的分值，记录学生在活动中承担的职责以及具体分值。这要求对学生参加实践活动的次数和成果做详细记录，作为综合性评价的重要依据。③成果学分。学生参加实践活动、竞赛活动、表演等，获得的荣誉成果计入学分；不同等级的活动成果，应有不同的分值。

第二，定性评价。定性评价带有一定的主观性，所以应该通过多向性和综合性等多侧面定性评价纠偏。一般说来，可以由自我评价、小组评价、教师评价、家长评价组成，各项评价按比例呈现在结合考评中，如自我评价占 10%、小组评价占 30%、教师评价占 40%、家长评价占 20%。

自我评价。学生对于自己在学习优秀传统文化课程中的表现主观评分，目的在于促进学生的自我反思，其范围有经典诵读量、诵读效果、上课表现、交流合作、活动参与等方面，让学生自己的表现划定分数和形成个人总结。

小组评价。学生所在学习小组对每名学生的表现开展互相评价，可以用民主投票方式相互打分，然后取平均分，也可先成立班级评价小组，由评价小组对每名学生的表现进行讨论，画出分数，还可以将学习小组与班级评价小组的两个评价结果按比例折算，以此作为小组评价的最终结果。

教师评价。教师根据学生在校的日常表现、阶段性评价结果及终结性评价结果，对学生个人的学习与表现画出评价分，并给出综合性的评语。

家长评价。家长对学生在家的日常表现进行今昔对比，并在教师指导下写下综合评语和激励性语言。教师根据家校沟通的情况对学生的成长做出评判。

（3）综合性评价的等级分配。中华优秀传统文化课程的综合性评价应该以等级评价为原则，一般沿用等级分配的方法，等级分配比数可灵活掌握。等级的给出，要结合定量评价结果与定性评价结果，尽量公平公正、客观有据。特别是综合性评价，给学生定等级一定要慎重，要体现对学生个体化表现的激励，总体评价等级不高的学生也应该有个性突出的专长或侧面表现。

（4）综合性评价的应用。综合性评价结果的运用要突出教师对学生的激励、反馈、方向和方式与方法的指导性和发展性。

第一，激发学生学习的兴趣，为提高学生综合素养助力。中华优秀传统文化教育，最终目的是培养爱国、尚德的公民。通过一系列的优秀传统文化课程，培养学生的文化自信，更培养学生良好的行为习惯，因而激励鼓舞是最有效的办法。对学生学习的效果进行综合性评价，让学生产生自豪感或者上进心，可以使他们对学习中华优秀传统文化有更浓厚的兴趣。这种激励不仅是言语和意识上的激发，还可以体现在学生的综合素质评价结果中。

第二，对课程设置进行科学分析，作为调整课程建设的参考。中华优秀传统文化教育融课程学习与活动实践于一体，是一门比较特殊的课程。在实施的过程中，要根据学生的年龄特点安排内容和活动。过程性评价要根据每个阶段的学习情况做出评价，而综合性评价可以对课程实施的全局进行评测，以客观评价课程实施效果。根据评价情况，对教材的设置、活动的设置等进行调控，以使整个课程体系更完善、更科学。

第三，侧面反映教师的教学指导效果，成为教师提高教学能力的指南。学生的学习效果，可以直接反映教师的教学能力。而中华优秀传统文化课程，对教师的要求更全面：①教师要有丰富的优秀传统文化知识，要对自己所教的某方面文化传统、历史影响等有深入的理解和研究，才能引导学生正确学习，并将理论知识与整个民族文化体系的联系融会贯通。②教师要对民族艺术和民间传统技艺有所了解，只有这样才能在教学过程中激起学生学习的兴趣。③教师在教学中合理地安排知识学习和实践活动，积累的经验至关重要。而教师的文化素养和专业能力，都可以通过综合性评价结果展示出来。有反思意识的教师，可以之为参照改进课程方法，以有效地推动教学质量的提高。

第六章 构建课程思政，高校思政课教学实践的深入发展

第一节 深化高校课程思政与思政课程的协同共进之路

课程思政是新时代高校思想政治工作的创新发展。思政课程与课程思政都是高校开展思想政治教育工作的重要手段。

一、高校课程思政与思政课程的逻辑互构

（一）思政课程引领课程思政

1. 思政课程引领课程思政的价值观念

学校教育育人是要让受教育对象各方面的素质都能够得到发展，而且学校是从思想价值的角度引领受教育对象的发展。我国是社会主义国家，因此教育也需要在社会主义思想的引领下培养下一代，要让我国的优秀人才始终为了中国特色社会主义的发展而奋斗，所以说，思想政治的教育并不是说理论知识的单纯教育，它还涉及要引领被教育对象形成价值认同。可以说，它是学生思想发展中的引领者，尤其是青少年目前的思想发展尚不成熟，因此，思想政治教育应该重视自身的思想引领作用。

高校的思想政治课程的核心思想始终都是社会主义核心价值观念，必须将马克思主义中国化的发展成果灌输到课堂、灌输到学生的头脑中。也就是说，学校在开设思想政治教育课程时，要让学生懂得当前坚持的道路、制度、文化以及理论四方面的自信，让思政课程散发出自信的光芒，让学生从情感的角度自觉地认同中国特色社会主义理论，为学生未来的成才发展打好坚实的思想基础，让大学生的人生观念、价值观念以及世界观念能够得到正确培养。

思政课作为一门关键课程，具有深远的思想价值，同时也是引领课程思政的基石。这两者之间存在着紧密的相互关系和相互促进的逻辑联系。课程思政的核心目标在于培养学

生，即通过深入挖掘课程内容中蕴含的思想政治教育元素，满足学生成长发展和不断扩展的精神文化需求。在这一过程中，学生是主体，课程是客体，而精神文化则是育人的媒介。

"课程思政建设是一项复杂的教育工程，是学校完成教育'立德树人'中心任务的新举措。"① 课程思政的实际价值效果受到这些方面的影响：①它取决于是否满足大学生日益增长的精神文化需求，即是否能够真正满足学生在思想和文化上的需求；②它取决于教师是否在传授知识的同时能够进行思想教育和精神文化的深入传递，同时，课程思政的综合育人效果也是决定其实际价值的因素之一；③课程思政的实际价值实现程度，取决于是否能够达到培养学生成为社会主义合格建设者和接班人的目标。

在教学过程中，必须遵循学生成长的规律，深入了解并把握00后大学生的思想和行为特点。同时，教师应注重加强思政课程对课程思政的思想价值引导作用，以培育和树立正确的世界观、人生观和价值观为核心方向。明确所有课程的首要目标是培养具备全面发展能力的中国特色社会主义合格建设者和可靠接班人，将这一目标有机融入高校各门各类课程的科学知识体系之中。在传授课程理论知识的同时，应强调体现精神文化的价值塑造，以实现学生的全面素质培养。

总而言之，思政课程引领课程思政的思想价值是二者相互依存的基础。通过充分发掘课程知识中的思想政治教育元素，满足学生成长发展和精神文化需求，实现育人目标。这需要关注学生的精神文化需求、教师的思想教育和精神文化引领能力、课程的综合育人效应以及培养社会主义建设者和接班人的目标实现程度。教学应根据学生成长规律，深入了解00后大学生的特点，加强思政课程对课程思政的思想引领，培养正确的世界观、人生观和价值观，将这一目标融入各门课程的科学知识体系，并注重精神文化的塑造，以实现学生的全面发展。

2. 思政课程引领课程思政的教学方法

思想政治理论课程的教学目的是让学生内化和吸收社会对当代大学生提出的政治观点、政治要求，让学生按照道德规范的标准去严格要求自己的行为，养成良好的道德素质、政治素质。当前思想政治理论课程的创新和改革应该坚持学理性以及政治性、知识性以及价值性、理论性以及实践性、建设性及批判性、主导性以及主体性、多样性以及统一性、隐性教育和显性教育、启发性以及灌输性这八方面的内在统一，这八个统一要求围绕

①李贺，刘姬冰，魏雅冬，等. 地方应用型高校企业课程教学中课程思政教学理念与策略研究 [J]. 绥化学院学报，2022，42（6）：134.

学生的学习展开，目的是关照和服务学生，让思想政治教育课程更加有亲和力，这八个统一要求是课程思政工作开展的有效方法。

思政课程引领课程思政的教学方法是二者逻辑互构的关键。课程思政作为立德树人的关键举措，其核心在于将思想政治教育元素贯穿于各个课程的教学环节、方面和整个教育过程中，以实现学生在学习科学文化和专业知识的过程中自觉增强思想道德修养，不断提升思想政治素质，达到立德树人的目标。而课程本身则是课程思政建设的基础，没有高质量的课程作为承载体，课程思政难以落实。因此，在优化课程设计方面必须遵循教书育人的规律，根据教育教学和课程建设的规律，精心规划课程内容和教学方法。

在实施课程思政时，应以思政课程和八个统一的教学方法论为指导，充分挖掘各门课程的思想政治教育功能，深入思考实现这八个统一的教学方法。通过这种方式，可以减少教学的盲目性，增强培养人的自觉性，确保课程思政与思政课程保持一致。这样，可以为新时代大学生的成长和发展提供更积极有益的条件和支持。通过将思想政治教育融入各门课程中，可以增强学生的综合素质，引导他们树立正确的世界观、人生观和价值观，培养他们成为具有责任感和创新能力的社会主义建设者和接班人。这种融合不仅是教学内容的加入，更是思想政治教育的内化，使其成为学生行为的自发指引和价值引领。

综上所述，思政课程引领课程思政的教学方法是二者关系的关键。通过将思想政治教育融入所有课程教学的各个环节，能够实现立德树人的目标。同时，课程设计也是实施课程思政的前提，优化课程设计能够提升教学效果。通过遵循教育教学和课程建设规律，以思政课程和"八个相统一"的教学方法论为指导，实现教学的目标，促进学生成长成才。这样的教学方法将课程思政与思政课程相互融合，为新时代大学生的发展提供积极有利的条件和保障。

（二）课程思政拓展思政课程

1. 课程载体的拓展

高校思政工作在开展的时候需要明确学校想要培养出怎样的人才、学校使用哪种方式培养人才、由谁来负责人才的培养，只有确定了这些问题，才能全面推进课程思政。"思政教育"既是隐性教育，也是显性教育。思想政治教育已经不再是单课程，它开始向全课程的方向转变。换言之，就是思想政治教育不仅存在于思政课程中，它还存在于专业课程、通识课程以及实践课程中，思想政治教育的载体越来越多元化。

（1）将思政课程引入通识课程中。通识教育是为了让学生的知识有更大的宽度，是为了让学生实现在艺术、科学、人文方面的全面发展，想将学生培养成具有健全人格、能够掌握核心知识的人才。通识课程和课程思政的结合让通识课程教育又找回了育人的初心，让知识、道德和素质重新有了内在的关联，在课程思政的引领下，知识传授也更加注重体现价值的引领作用。通识教育课程也不仅为了培养学生们的智力发展，同时也会注重学生的德育发展。因此，课程思政和通识教育的结合也为立德树人课程育人提供了更多途径。

（2）将思政课程引入专业课程中。专业课程当中的专业知识具有深厚的人文素养，也有很多涉及思想政治教育元素，思政课程的开展可以充分利用专业课程，在学生接受教育的同时，教师要注意向学生传播先进的思想文化，教师自身也应该是思想文化的积极传播者，教师应该积极地引导学生形成健康的品德、健康的思想，并将专业课程当中涉及的有关思想政治教育的元素进行充分挖掘。比如，专业课程当中体现出的爱国精神、奋斗精神、勤俭节约精神等，以此让学生认识到为人处世的基本道理，让学生成为符合社会主义要求的新一代青年，将实现中华民族伟大复兴的中国梦当成自己的理想与责任。也就是说，专业课程的发展应该和思想政治课程同向而行，共同谱写出和谐的教育序章。

（3）将思政课程引入实践课程当中。实践课程需要锻炼学生的动手能力，需要学生具备一定基础知识，然后在活动中运用知识，积累更多的知识，体验感悟更多的知识和道理。课程思政和实践教学的结合要求在进行实践课程的教学过程中，需要学生结合自己的理论思维，并发散自己的感性思维。教师要引导学生的思维向着正确的方向发展，要让学生学习到正确的理论、科学的理论，并让学生认同正确观念、科学观念，培养学生形成对外界事物的辨别能力，以及对问题的分析和解决能力，要让学生养成能够正确处理各种人际关系的能力。也就是说，要通过实践课程，让学生达到知行合一的状态。

2. 教育资源的拓展

"大思政"的教育理念要求高校在开展思想政治教育工作时，需要把"思政课堂"当作是教育的第一课堂，而且课程思政必须进行充分的资源挖掘，要让教育者摆脱课堂教学的限制，从更多的角度、更整体的高度去实施思想政治的教育。课程思政除了本身的"思政课堂"外，还要加入其他的类别课程中。除此之外，课程思政还要涉及学校的科研活动、组织文化发展以及学校管理。

一方面，这种深入可以让教育者受到思想政治教育的感染，更加积极、主动地开展工作，学校的辅导员以及各个班级的班主任要发挥自身的引领作用，让大学生养成勤俭好学的良好品德，培养他们对社会主义的坚定信仰。此外，明辨生活中的各种是非，学校的心理教师也应该致力于培养学生健康的心理状态，要从人文的角度对学生进行心理关怀。除此之外，其他教师也要树立坚定的信念，在教学的过程中，通过自身过硬的知识让学生信仰教师，坚信教师所尊崇的理想和信念。

另一方面，这种深入可以让思想政治教育有更多教育平台。比如，校园文化的建设可以让学生从校园的各个角落都感受到思想政治教育的魅力，让大学生无形之中受到社会主义价值观念的影响，对他们的行为有潜移默化的影响。除此之外，在组织以及活动中的应用，可以让大学生参加到政治宣讲活动、志愿活动、支教活动等活动中，学生可以更深入地了解社会、服务社会，这是对学生思想政治教育的另外一种补充。

与此同时，还应该将"思政课堂"和网络技术结合起来，形成"网络思政课堂"平台，新媒体的传播方式是独特的，也是当代大学生喜闻乐见的。高校思想政治教育工作应该抓住新时代的新方式，为思想政治教育发展打开更广阔的发展空间，让思想政治教育发展突破时间限制以及地域限制，整体提高思想政治教育的教育功效。思想政治教育可以利用微信公众号、微博以及班级群或者是朋友圈的各种功能，占领网络的教育阵地，要做到思想政治教育不仅有现实课堂，还有虚拟的课堂，做到线上和线下的无缝对接，让思想政治教育有更强的针对性。而且和网络的结合能让学生感受到思想政治教育的亲和力，学生对思想政治教育也会有更高兴致。

二、高校课程思政与思政课程的协同共进

（一）加强课程思政的顶层设计

在实施课程思政的过程中，必须遵守课程发展的科学观念，也必须体现出课程思政具有的育人作用，要将课程中与思想政治教育有关的元素充分挖掘出来，以此来满足学生精神发展过程中产生的各种需要，并且也借此来培养我国的新一代年轻人成为全面发展的全新人才。实施课程思政的时候需要明确学生才是课程思政的价值主体，而课程它本身是价值客体的定位，课程思政要求要在各种类型的课程中都践行社会主义核心价值观念，要利用各种课程去培养学生形成社会主义核心价值观念，要让所有课程都发挥对学生精神文化的滋养作用，以及课程对学生精神文化形成的引领作用。

此外，课程思政的发展需要有完善的领导体系和机制。学校各部门的力量应该被充分调动起来，学校的全员应该全程参与到思想政治教育工作中，课程思政的发展也要注重顶层设计的优化，要从整体的角度进行统筹和协调。与此同时，还要开发资源，积极建设，让平台形成有力的制度支持，而且还要在人才培养、授课的事先计划、授课过程以及最后的课程评价中贯彻落实课程思政的要求，课程思政的设计理念必须以育人为基本要求，借助各方的力量形成育人合力。

课程思政的框架设计应该体现出国家意识形态，应该始终将思政课程作为框架设计的

核心，与此同时，还要让课程具有明显的育人作用，整体形成全程发展育人的课程体系。

课程思政的思路设计必须利用制度以及机制来为高校的课程思政提供推广路径，保证课程思政能够覆盖到所有学员，全程对学生进行全方位培养。

具体来讲，可以按照四个阶段的顺序进行：①战略定位阶段，课程思政应该结合学校当前的发展状况以及学校制定的战略来设计，确定学校的课程是属于哪种定位、未来要实现的目标；②调研阶段，必须深入了解思政课程目前的发展状况及过往的发展历史，还要分析学校的校园文化，然后将课程思政的发展目标、发展结构、发展要素都结合起来，进行全面研究；③诊断分析阶段，根据之前获得的调研结果给出最终的综合情况报告；④规划设计阶段，应该结合当前的定位制定未来的发展目标，明确课程思政的发展原则、发展策略及要使用的发展方法。

（二）构建"思政共同体"模式

思政课程和课程思政有共同的施政理念以及教育目标，所以，它们可以形成一个教育团体，共同促进学生思想品德的发展，对学生进行全面培养，二者的结合形成的是"思政共同体"。"思政共同体"的形成是思政课程和课程思政结合所带来的必然结果，它们的结合让以往思政教育活动从个体行为变成了群体行为。它之所以能够形成首先是因为学校所有的教职工对教育对象的培养目标是相同的；其次，学校的教职工之间做到良好的配合，而且所有人都共同参与到了教育过程中。可以说"思政共同体"的存在从整体的角度推动了协同育人工作的全程开展。

"思政共同体"的打造需要建立统一的理念，挖掘出育人的潜能。当今实行的是"大思政"理念，要深入共同体的内部，将学校的各方面情况了解清楚，然后全部挖掘出学校能够利用的思想政治资源，而且思想政治课的教师以及其他通识课程、实践课程、专业课程的教师要和学校的各级领导干部、心理咨询教师及辅导员、班级的班主任展开积极沟通，达成育人共识，通过全校师生的力量共同打造"思政共同体"，共同保证"思政共同体"的发展，共同推进育人工作的开展。与此同时，高校还要完善组织内部管理机制，让所有的成员之间实现知识、资源、过程、体验的共享，将育人机制能够发挥的作用尽最大可能地激发出来。

"思政共同体"的系统非常复杂，它体现出了非常明显的整体性特点，它的研究以及它理论的建立都是从整体角度出发的，它的出现能够让高校思想政治教育工作的开展更具创新性、更有意义。作为复杂的系统，它存在整体涌现性，涌现性可能是增效的。也就是说，当前系统的整体能力大于系统所有内部子系统能力的总和，但是，涌现性也可能是减效的，即当前系统的整体能力小于系统所有内部子系统能力的总和。对一个系统来说，它会同时存在增效涌现性和减效涌现性，最后系统表现出的整体效能是二者相互作用之后而表现出的综合效应。

如果想要让"思政共同体"的整体效能比各个子系统的效能要好，那么管理者必须正确认识增效涌现性和减效涌现性，而且要尽量减少减效涌现性的影响　也就是要不断优化"思政共同体"的组成要素。首先，系统性整合课程理论，思政课程必须始终遵循社会主义文化及价值观念的指导，思政课程和其他课程之间应该有清晰的边界，各类课程应该明确自身定位，要找准自身课程和主流意识之间存在哪些交叉，并且通过这些交叉点来进行思想政治教育；其次，系统性整合课程内容及教材，不同课程的内容以及教材的结构布局应该符合知识层次逐渐定性的要求，与此同时，思政课程在结合其他课程的时候，要注意课程内容上存在的逻辑性及课程内容之间的互动；再者，系统性整合教学人员，思想政治理论课程的教师应该和其他课程的教师之间保持融洽的交流和沟通；最后，系统性整合社会实践，想要解决当前中国社会当中存在的思政问题，那么必须深入实践，必须让理论在实践当中得到应用和检验。

第二节　高校课程思政的实践育人体系及协同育人探索

一、高校课程思政的实践育人理论

实践育人是培养学生实践学习技能的重要途径，也是人才培养的重要组成部分。目前，高校采取了各种形式促进和实施实践教育，提高了学生参与实践的意识。

（一）实践育人的体系

1. 目标体系

目标体系是整个实践体系的定位和导向，统领各个实施流程。对目标体系的明确化、完善化是实践育人的实践者和研究者的首要任务。需要根据总纲领合理配置各层级内容和执行者，同时在实践反馈中不断修正子目标，确保其既符合教育部核心政策要求，又具有可操作性。

（1）由于子目标的制定是因时、因地、因人制宜，不同环境下可能采用不同目标，而不同对象也会采用不同目标，或培养多种目标。

（2）子目标可能具有阶段性，会因时间段、年龄段等而变化。例如，学生平时实践进行的小目标与毕业前要达到的大目标相比属于短期目标，但又是青年学生人生规划中长远目标的有机组成部分。

（3）目标的推行可能因人为因素而产生一定的误区。目标只是一个起始方向的拟定，由于执行者的主观性和个异性，随着实践项目的推进和拓展出现一点偏差很正常，那么执行者和指导教师、部门要做的就是解决理论与实际的落差，对模糊的航向加以澄清、调整，在保证原定基本目标落实的基础上容许一定的延伸，有益的延伸。针对目标的复杂性，建议根植于一线的实践指导教师们参与目标体系的构建，建言献策。

2. 内容体系

实践育人内容体系分为以下四类：

（1）价值体系是正确的实践观、人生观、世界观，包括整体价值观和在实践项目中的具体体现。

（2）规范体系是对实践制度、实践平台、实践流程、指导和评估团队等做一系列规范，这是对实践主体负责，也是对实践效果负责。

（3）需要体系是从教育对象本身出发，根据其学习需要、职业发展需要、素质培养需要来制定相应的实践内容。

（4）问题体系也是以常规教育系统未能解决的问题、未能达到的目标为出发点，来制订实践计划。需要体系和问题体系还建议考查学生个体需求及问题，采取个性化的实践解决方案，这两块体现了思想政治教育实践体系的亲和力和以人为本的特征。

3. 组织体系

组织体系是展现实践育人组织的聚集状态、排列顺序、联系形式和相互关系。它是思想政治教育实践的管理和运营体制，实现对高校资源的配置和对实践任务的领导。一所高校的社会实践体系是否具有竞争力，很大程度上取决于组织管理体系是否科学、完善、有生命力。要想整个组织体系有序运转，需要建立一个完备、强有力的领导小组。实践组织体系的领导小组一般采用"纵向三级领导"与"横向六大部门"相协作的模式，在统一部署、纵横管理的同时，使各部门分工明确、各司其职，加强实践活动的组织和管理效率。其中，"纵向三级领导"分为校党委、各学院和辅导员三块。"横向六大部门"分为校党委、校团委、学生处、宣传部、教务处和思政理论课教研部。各部门在实践育人方面的具体工作如下：

（1）校党委统领学校的思想政治建设和教育工作，需要将中央文件精神与本校办学理念相协调，研究、制定新时代本校社会实践的总体纲领。其职责包括构建和完善实践育人制度，建立实践育人的领导小组，组织实践育人方面的探讨、报告会议，对实践育人的工作展开全方位的指导和统筹。

（2）校团委与大学生群体的联系更为密切。对大学生有着较强的感召力和动员力，对于学生社团及其他实践活动有较强的引导作用。因此，校团委应该利用这一优势，对学生的实践积极性深入鼓励，当他们的方向有偏差时及时纠正，避免其走进误区。校团委应密切关注学生的实践活动动向，确保他们各个阶段、各个层级的目标都符合育人要求，让学生在活动中能真正地锻炼专项能力，提高综合素质，实现德智体美劳全面发展。

（3）学生处负责学生的日常思政教育和其他管理工作。需要根据校党委的指示，将实践育人方针贯彻到学生工作中，包括批准、设立实践项目的导师或其他负责人；制定社会实践的激励机制，如调整实践学分，将实践成果与学生评优、入党、奖学金等评级挂钩；通过收集学生的建议、反馈等开拓实践渠道，改进实践形式，来更好地调动学生的参与积极性。

（4）党委宣传部负责管理学校的思政宣传工作。一方面，利用其对政策和媒体风向的敏感性，广泛收集实践环境和资源方面的信息材料，为实践育人的教育和执行部门提供决策辅助；另一方面，加大对实践育人的宣传力度，在校内外各大渠道广泛宣传实践的重要性，包括海报、宣传册、广播电台、校官网微博、学生邮箱等，并对优秀实践活动的成果、报告加以报道和展示，以起到良好的示范效应。

（5）教务处负责日常的教学管理。传统的教务工作完全将实践工作排除在外，习惯性地认为实践活动"是学工的事，与教工无关"，从而导致大部分教师对实践工作抱着置身事外的态度，而且不能对实践育人形成系统化的考核和评价。要提高全体师生对实践活动的重视，最好、最直接的方法是将其纳入教学考评系统，提高所占学分比重，设为必修课，置办教学大纲、教材和考核办法。社会实践由于涵盖面广、形式多样，学生的选择各异，有些实践活动的成果（例如，志愿服务、支教）甚至难以量化，便是可以量化的不同类型的实践活动（如职场实习和社团活动）之间也不具可比性。因此如何制定出一套详细、合理、科学的评测办法需要教务处仔细考量。

除此之外，实践育人在教师方面的管理和考核也是一大问题。将实践活动加入教学后，如何组织相关教师的培训、计算支付教师的酬劳、调配教师的工作时间和精力、保证教师健康良好的心理状态，又给教务处带来一系列挑战。针对实践育人教师队伍的配置和管理，需要考虑到教龄、工作稳定程度、爱岗敬业程度、实践文化素质、薪酬要求等因素，经过领导小组的研究探讨，理出一套详细的管理办法和考核办法。

（6）思想政治理论课教学研究部，简称思政部，负责学校的思想政治理论教育和实践指导。由于他们具备充足的思政知识和实践素质，对国家的走向和时代思潮有深刻的认识，所以是很好的实践导师人选。对上级而言，思政教师能以自身的专业优势为校党委的决策建言献策，同时积极响应他们的实践号召；对下级而言，思政教师能发挥思想沟通的专长，深入学生群体，带动他们选择有道德意义的实践活动。

总体而言，建议思想政治教育实践育人领导小组由各部门的领头人组成，这也是方便将实践工作与其他职能、工作相协调，有利于各部门资源的调配；同时由于垂直管理，避免了各部门因责任缝隙而产生相互推诿的问题。校党委应当赋予领导小组一定的人力、物力、财力的调配和管理实权，以便各级人士都意识到对实践活动的重视。

4. 保障体系

保障体系是保证实践育人顺利开展的一些必要条件。若这些条件有一项或多项不完备，就会限制实践活动的有效性。一般而言，实践育人的保障体系分为以下四方面：

（1）制度保障。制度保障是管控整个实践育人体系的基础，也是落实其他保障的前提。现阶段高校对于实践育人的制度建设需要与法规政策相协调，与全面素质化教育相对接，与大学生成长发展相适应，为实践活动做好扎实的全局部署。良好的制度保障是包括从总战略、总规划到各个部门管理办法、各个环节实施办法，再到具体问题的应对细则都清晰齐备的系统化保障。

（2）队伍保障。队伍保障也是实践育人体系中不可忽视的一部分，指导教师的水平高低、经验强弱有时直接决定了学生实践层次的深浅、效果的大小。优秀的师资队伍必然与学校的办学理念相协调，具备相当的专业知识和实践能力，也具备较强的指导能力和创新精神。其中创新精神既指从实践育人的角度帮助学校拓展知识结构和教学面，也指对学生的实践指导和管理较为灵活改变，真正根据学生的个人发展需要予以个性化的指导和建议。只有具备创新眼光和格局的导师才能带出具有创新意识并付诸实践的学生。高水准的师资队伍建设除了制度和综合环境上的保障，还需要对管理模式加以探索和改进。导师的备选人才可以是思想政治辅导员、思想政治教师、团学教师，以及其他各专业的资深教师或者企业单位的资深工作者、领域专家等。由于实践育人模块不同于一般课程，开放性较大、涉及面较广，所任用导师之间的差异也较大，企业派和学院派人士的指导风格与标准不一，这就要求在师资队伍管理上多加重视，各部门带头人多加沟通，对聘请导师的整体素质严加把关，同时在教学中加强其自身的培养。

（3）经费保障。经费保障是实践育人保障体系中的最大难点。以往高校的实践育人系统无法健全、实践育人活动无法有效展开，常常是因为启动资金不足。经费包括导师聘用成本、基地合作成本、学生项目补助和优级成果奖金等，经费难以到位既有开支大、筹集难度高的客观原因，也有学校重视度不足的主观原因。那么对于有财政条件的高校，需要提高对实践育人模块的重视度，保证实践工作严格、深入地开展，对于条件不足的高校，可以调整和开拓融资渠道，除了学校划拨专项经费，还可以协调社会实践基地或实习单位提供一部分，鼓励学生本人去筹集一部分。这样，多元化的融资渠道减少了学校的经费压力，深化了校企合作，又从筹资的角度锻炼了学生的社会实践能力，培养他们对个人项目独立、自主、负责任的态度。

（4）基地保障。基地保障属于保障体系中的硬件保障。高校的实践项目要想长期、可持续地传承下去，需要与社会各基地、平台达成稳定的合作关系。高校需要因地制宜地争取实践资源，包括和爱国主义教育基地、社区服务机构、企业或事业单位，甚至政府部门等机构建立合作或联系。与此同时应对合作机构的质量、信誉、安全水平等做足调查和确认，确保为学生营造积极有益的实践环境。实践基地是大学生走向社会的跳板，是学校全面素质教育的体现，也是社区、企业文化和形象的宣传与展示。因此，校方应本着"合作共建、双向受益"的原则，从保障实践基地的角度来将实践育人模式规范化，实现学生、校方和地方建设的共同发展与繁荣。

5. 评价体系

"科学合理的保障激励机制、完善评价体系等方面，对推进高校思政课程与课程思政协同育人的实践路径展开有益探索。"[1] 评价体系是实践育人体系中重要的总结和反思部分。一方面它是对实践育人目标的验证；另一方面它是对实际效果的归纳。目标体系和制度体系比较理论和抽象，相对而言，评价体系更具有可操作性。评价体系具有可测定、可比对、可核验的特征，对实践育人的效果有一个系统化的衡量，作为进一步改进和调整的参考依据。此外，评价体系也是对实践主体、客体各方的一个约束和鞭策，是推动实践工作的客观动力。因此，评价体系是结合主体的需要和利益，以及客体的性质和规律而设计的，是必不可少的验收和反馈环节。评价规则的制定既要反映实践工作的总目标，又要符合大学生的发展规律。从考察对象来看，实践育人的评价体系要考察实践态度、实践队伍、实践落实和实践效果等方面；从考察指标来看，除了知识能力之外，还考察思想素质、政治素质、道德素质、心理素质等。

（1）实践态度。实践态度亦即对实践的重视程度，属于情感价值观的考察范畴。主要包括：①是否坚持科学社会主义观念的领导；②是否积极主动参与实践育人活动；③是否积极

---

[1] 黄家慧，廉旭. 推进高校思政课程与课程思政协同育人的实践路径 [J]. 当代工人，2023（3）：50.

应对实践中遇到的问题和困难；④是否在实践中提高了对自我的认识；⑤是否愿意了解社会、服务社会等。对学生实践态度的重视有两点原因：①看他们是否意识到理论和实践的差距，以及对此做出弥补、适应或抉择，坚持学以致用、以用带学的方向；②看他们是否学会将个人价值与社会价值协调统一，担起社会责任，做出社会贡献。思想指导行为，且对他们今后的实践习惯有着辐射作用，因此应当列为评价体系中的第一考察对象。

（2）实践队伍。实践队伍即实践活动的主体，包括学生、指导教师、校方和校外支持机构，主要考察他们是否形成一个团结、高效的组织，面对任务是否各尽其责、齐心协力，面对问题是否积极协商讨论，以和谐、向上的心理状态和组织关系在实践中形成合力的效果。对实践队伍的评价和反思是为了优化队伍的配置，从组织的角度为实践工作的运转提供保障。

（3）实践落实。实施环节是实践育人工作的关键，是得出实践效果的前提。对于学生，要看实践活动的覆盖面和参与频率；对于教师，要看活动的组织情况，和全程指导、跟进情况；对于校方和校外合作基地，要看对实践活动的支持和配合情况。这是一般最容易出问题的环节，能真正反映出师生、合作方对实践育人工作的积极性和响应力度，是进行其他维度，如态度、组织、成效的评估的客观依据。应当对这个评价环节给予足够的重视。

（4）实践效果。实践育人的效果包含很多方面，有价值观的培养、优秀意志品质的培养、分析问题和解决问题的能力的培养、职业能力的训练、对社会民情的体察感悟等。从企业和社区的角度来看，还有作为职业型、管理型和服务型储备人才的积累。实践育人的评价体系目前在形式上以主观意见为主、客观依据为辅。评价者根据一定的原则给出评语，通常只有对学生的评价，评价标准普遍单一，还有待各方进一步探究更加科学的评价方法。

综上所述，目标体系、内容体系、组织体系、保障体系和评价体系共同构成了高校思想政治教育实践育人体系。五大体系相互联系、相辅相成。目标体系为实践育人体系的导向，内容体系为实践育人体系的材料，组织体系为实践育人体系的职能，保障体系为实践育人体系的支撑，评价体系是为实践育人体系的反馈。

（二）实践育人的功能

1. 激励与引导功能

事实上，学习可以激发学生的创业精神，增强他们的社会责任，鼓励学生尊重自己的理想，并将个人成长的需要与社会发展的需要结合起来。学生是国家和社会的希望，是促进未来发展和社会经济发展的新力量。学生走进社会，去基层，从而让学生理解国家的经济和社会发展水平与存在的问题。对学生而言，生活中最迫切的需要，是倾听公众的声音和时代的要求，认识到自己的社会责任和历史使命。所以，更重要的是激发学生的动机创新能力，提高他们的责任感和历史使命感，提高他们的综合素质，更好地为别人贡献。这就是我们能够尽快实现社会主义现代化的原因。

2. 提升与发展功能

培养大学生综合素质的一个重要途径就是实践育人，此外，实践者可以补充纯理论的知识转移和学习的劣势，有助于学生素质和赋权的整体提高。全民实践教育是全面实施党的教育课程、把社会主义基本价值观引入全民教育全过程、全面实施素质教育、全面提高高等教育质量的前提。这就强调了实践教育工作者在提高学生综合素质方面的重要作用。

除了理论课堂教学、实验实践、行业实践和实训之外，教育本身也是一个重要的组成部分，特别是在技术和社会科学领域有相当数量的专业课需要通过实质性的环节加以加强。在实践学习中，学生可以进一步强化理论知识，通过理论实践促进融合，拓宽视野，提高支撑能力。同时，实践可以激发学生的兴趣和参与热情，鼓励学生参与他们的学习，提高他们的职业认同感，并提高他们的创造力、创新意识和学习理解能力与精神。

在实践活动的过程中，大部分活动要求学生完全独立。根据实际特点和条件，选择活动的路径、时间和地点，提前计划，提前协助活动，克服困难，执行实际任务，最后策划活动，调动资源进行盘点和实际反思。这个过程需要高层次的思考、计划、创新和解决自己问题的能力。学生实践的过程也是一个不断克服和发展的过程。主体意识和现实主体精神得到了深入挖掘与锻炼。

3. 教化与规范功能

大学生参与高校的实践育人活动，在共同的实践经验中接受思想教育和熏陶。在培养学生的过程中，增强大学生的创新意识和提高实践能力，形成良好的人格，内化道德意识。同时，在理论与实践相结合的过程中，我们可以将感性的实践经验与理性的思维相结合，培养情感，塑造良好的心理视角，最终通过实践发挥实践育人的教化功能。

在参与实践活动的过程中，大学生的团队精神、合作意识、纪律意识和服从意识都能够得到很好的培养。相关管理机构和学生社团作为开发者、组织者、组织者或受托人，均有相应的监管管理机制、劳动标准、评价规则和纪律要求。它不仅提高了组织活动的有效性，而且满足了教育活动的组织要求以及正式的社会结构和制度规范。社会认同也为学生学习适应现代社会提供了基础和条件。组织学校的实践活动，组织活动以育人为主，组织活动育人，规范参与学生实践活动的步骤，是对学生良好的规范性教育。

社会实践的学生，要求参加团队和组织工作，有很强的集体意识和沟通能力，适当地调节个人和集体的关系，区域利润，共同盈利，影响学生的规范和社会教育。研究访谈、行业实践、志愿服务、创新创业等，参与社会经济生活的各种活动。只有学生按照特定的道德和社会制度规范行事，才能取得成功。在这个过程中，我们通过有意识地修改、规范和压制行为，有意识地学习基本的社会规范和经验。在现实生活中，人的自由发展必须以一定的社会标准为基础。通过社会实践，了解个人自由成长，了解社会规则，自觉运用行为规范。

4. 熏陶与辐射功能

大学生是实践育人的主体，在参加实践育人的活动时，任一流程都可能对他们的言行、思想和认识产生影响，也可以教育引导和辐射所有学生群体甚至全社会。实践教育者可以以强调学生主动参与和实践体验的基本目标活动为指导，以此促进大学生的综合性能力。人的思想素质以社会习俗为基础，主要因素是与客观因素的相互作用和调节。大学生应自觉参加各种形式和内容的设计实践活动，以加强对相关实践内容的理解，认真接受实践过程中所传达的各种教育理念，实现实践的教育目标。大学生对实质性的课题或目标的不断实现，或对创新能力提出更高的要求，比如对思想创新、技术实用、一般性观点、集体合作意识、奉献意识、他人意识等要求的提升，实际上就不断成就了大学生的价值行为习惯和认同感。这种实践方式能不断加强学生的优秀素质，丰富学生的道德意识和情感，提高学生的道德意识和情感，有效地引导学生的成长和发展。

学生在教育实践中的成长有助于学校社会地位的提升和学生福祉的提高。通过影响学校校园的实践活动，使学生获得良好的素质和心理观，提高整个校园的道德文化活动水平，促进学校的自主教育和自尊。以学生为例，志愿者活动开始成为当代学生的一项有价值的活动，"奉献、友谊、互助、进步"的精神成为一项有价值的活动。与此同时，学生在公共领域的高专业有助于社会环境的改善，也有利于提高整个社会的道德水平，提高全社会的士气，创造有利于学生健康成长的外部环境，实现个人成长与社会进步之间的互惠交流。

（三）实践育人的特征

在教育理念中实践育人是建立在实践观的基础上，还在尊重教育发展规律与人才培养规律上构建出更加科学的教育理念，潜移默化地输入育人工作的每一项程序中，和教书、管理、服务学生等内容相辅相成，并建立出更完善的高等教育系统。在高校的实践育人工作中，学生应放在首要位置，在一切以学生为主的基础上，再让学生完成相关的实践活动，内容广泛、形式多样化。实践育人自身存在的特点，从根本上就与其他教育方式存在着差异。

1. 体验性特征

体验性是指体验和理解事物。根据体验的产生机制，体验是生理和心理、感性和理性、情感和思想、社会和历史的复杂结合的完全矛盾的运动实践育人的认知性，是指学生根据学生的实际情况和特点，参与实践活动，以实现一定的教育目标，为学生创造或恢复实践能力或实际条件，使他们在参与实践活动的过程中，能够更好地理解和掌握知识，丰富他们的情感体验和感悟。高校要实现教育目标和成果，必须提高整体教学质量。

实践育人的实证特征决定了实践育人能够达到其他教育无法达到的效果，人们的正确思想只能在社会实践中产生。正确的认识往往是从物质到精神、从精神到物质，即在从实践到认识、从认识到实践这样无数次的反复中领悟出来的。在实践活动中，大学生不仅可以学习知识和文化，提高知识结构和认知水平，还可以体验和形成新的情感和意义，运用新的思维方式实现心智成熟和精神发展。通过理论和实践的有效结合，通过不断学习和升华丰富的工作经验，能够加强大学生在思政教育中的主体地位，调动学生参与教育的积极性和领导能力。实践育人可以激发大学生创新思维，充分发挥身心意志，强化精神归属感和价值认同。

2. 参与性特征

实践育人是教育工作中重要的形式和内容，而实践育人的基本准则也是育人。但是，实践育人区别于其他的理论知识的学习和其他模式的教育工作形式，因为它不是传授课堂上的理论知识和"口头"上经教育的教学形式。实践育人的教育方式最突出的闪光点就是引导大学生积极性。实践育人是以激发当代大学生的自主创新能力和个人素养为基本准则，将主观思想建立在客观活动的基础上，利用组织带领学生参与其中，在富有活力的实践经历，对社会与世界的认知与转换的时候，收获了更多的了解自己与改变自己的主观思想和实践经验，并在实践中展现个人的技能和长处，让身心同时得到锻炼全方位的发展。

3. 导向性特征

对于向着指定的方向发展的事物动态性就是导向性（也叫方向性）。实践育人是教育活动的手段之一，但是，也是目标性与指向性最好的教育实践活动。实践育人的最大好处是在于在实践活动的基础上，将理论与实践相互结合，才能全方位地提高学生的综合能力的发展，立志于将大学生培养成为优秀的社会主义建设的继承人。而实践育人的目标性与指向性，也就证明了实践育人是拥有导向性的特点的。实践育人的导向性主要是帮助大学生培养政治思想理念、思维能力、实践能力等全方位发展，并研发出适合实践育人每一个部分的详细内容，在实践活动的基础上，加深并完善育人宗旨。

在广泛的层面上说，育人为目标的实践活动，与其他实践活动是存在一定的差异的。依据全面发展的观点来看，生活、劳动实践加上教育，将这几样融合在一起才是完成全面发展的唯一路线。所以，实践也是当代大学生提升自我发展的方法之一。不过大学生的社会实践活动和普遍性的认知与改变社会现状的实践活动有很大的差异。

实践育人的本体实际上是学习的活动会是学习的过程。其原因是实践育人的第一目标并不是对社会的认知与改变，应该是改变当代学生的臆断思想。所以，实践育人的目标建设，必须具有导向性的特点。在实践育人导向性中的主要内容和策划，首先一定要以加强当代大学生的思想理念为初衷，并培养当代大学生对社会的责任感、杰出的思想道德品质和健全身心；其次要不断塑造大学生创新的信念和不断解决现实问题的能力，为日后的工作形成良好的帮助；最后，能够效劳思想政治的教育工作，并达到时间育人的最终准则。

通过细微的角度来分析，实践育人工作时的导向性发展，必须以提高当代大学生的综合能力和职业素质为基本准则，依据不同情况合理安排工作内容，再将实践育人的发展现状与集体调整，做出进一步的详细计划和完整安排，对实践育人的时间、地点、形式、结果等方面有相对的评估和掌控，确保实践育人活动能够正常地执行下去。

4. 渗透性特征

将当代大学生所参加的实践活动就是实践育人，而实践育人涵盖了课堂实践、毕业实践和生产实践等研究和体验形式的实践活动内容，还有校内和校外的活动，如军训、感恩教育、勤工俭学等多样的课外实践。实践育人的渗透性实现大致分为以下两部分：

（1）实践育人的工作包含了其他教育育人工作的基础内容。实践育人也是其他教育育人工作中不可或缺的构成条件和基础承载的部分。不论是什么模式下的教育育人的工作内容中都会潜移默化地渗透实践育人的观念和做法。而实践育人的教育方式和其他教育育人工作之间是相辅相成的，例如，专业内的实验、实习等，实践育人作为课程教学中非常关键的一部分，也能起到深化理论知识的作用。所以，想要确保实践育人在教学过程中真正实现，我国相关的教育部门也对不同学科教学中出现的实践育人所需的时间、地点、要求等拟定了相关文案。

（2）实践育人充分地使其他教育育人工作早日达到最终指标，并深化其他教育育人的工作成果。实践是认知的源泉，是深化和改进有益实践的基础，通过实践测试学习理论知识后，大学生可以深刻理解其本质内涵、内在认知和思维方式，而教育实践不仅仅是实践的基础。作为德育、美育和体育的基本沟通者，实践育人也是提供高质量教育的基本方法，因为能力必须建立在对特定知识获取的基础上，通过实践和加强学习，并且质量必须通过长期的内在化和外部化来实现。学习理论知识，朗诵和学习只是能力提高的基本阶段。提高人的整体素质往往需要经验和实践的升华，实践育人应渗透到培养大学生综合素质的各个环节。

5. 综合性特征

实践育人的范围广、涉及面大的特点就奠定了它是一种复杂的发展过程。时间内容是否多样性也判定了实践育人是否能够整体且深入，所以实践育人的综合性就可以划分成两个层次解释。

（1）实践育人涉及很多方面。实践育人是一项系统而全面的工作，需要政府教育部门、企业、事业单位和社会的支持与合作，也需要高校积极努力搭建平台，为实践育人提供支持。与此同时，实践育人更离不开专业教师的指导和大学生作为实践主体的积极参与。实践育人的发展是一项综合性的复杂工程，需要调动各方的积极性，形成合力，最终保证实践育人的和谐发展。

（2）实践育人效果和目的的综合性。实践育人对大学生、高校还有国家都有非常重要的意义。实践育人是将核心社会主义价值体系整合到整个国家教育课程，进行深层教育，积极提高高等教育质量，充分体现党的教育政策的实行结果。

（3）实践育人工作效果的综合性。实践育人工作是培养理论与实际结合、学用一致、全面发展的新人的根本途径。实践育人除了能不断提高大学生的专业品质和专业性，还能充分发挥大学生的实践能力和创新能力，使大学生的身体素质、精神面貌等都达到更好的状态，使大学生的社会责任感和对理想信念的信心更加坚定，这对坚定在中国共产党指导下实现中华民族伟大复兴中国梦、引导大学成为社会主义建设者和继承者都有非常重要的意义。

二、高校思政教育实践的协同育人意识

一切人类实践活动无一不是在具体的工作意识的指导下进行的。思政教育实践教学组织工作首先是一项教育管理工作，思政教育实践教学组织工作意识是社会意识的一种，更是管理意识的一种，因此，要研究思政教育实践教学组织的意识就要研究教学工作意识、教育管理观念以及工作决策过程。

思政教育实践教学组织工作意识正确与否直接影响到该项工作的效率和关系到工作活动的成败。因此，研究工作意识是深入考察思政教育实践教学组织工作的关键，也是对历史唯物主义社会意识论的有益补充。

（一）实践教学组织工作意识

1. 实践教学组织工作意识的形成

意识是人脑对客观事物的主观反映，它在社会发展中又逐渐分化为诸如道德、艺术、哲学、科学等各类社会意识形态。

意识作为与物质相对应的哲学概念，涵盖了社会领域的一切精神现象。既然思政教育实践教学组织工作是一种有目的有计划的特殊实践活动，这就意味着有一种源于思政教育实践教学组织工作实践又反过来指导思政教育实践教学组织工作的社会意识形态。

（1）教育管理工作意识作为社会意识的一种，离不开一般的实践活动，追本溯源，它也是人们在改造自然、创造社会系统的实践中产生的。但是，培植教育管理工作意识的基础不是一般的实践活动而是人们的教育、教学工作实践，教育管理工作意识只能在教育、教学工作实践中形成，而不能在改造自然改造社会的实践中形成。这就是说，虽然思政教育实践教学工作离不开社会一般实践，思政教育实践教学组织工作意识同其他社会意识保持着紧密的联系，但思政教育实践教学组织工作实践毕竟有别于一般实践，思政教育实践教学组织工作意识也不同于其他社会意识。因此，思政教育实践教学组织工作意识是对思政教育实践教学工作的直接反映。脱离思政教育实践教学工作的人，是无法形成思政教育实践工作意识的。

（2）在思政教育实践教学工作中，各种社会意识都发挥作用。离开了人类在各类实践中积累起来的社会意识形态，无论是改造自然改造社会的实践，还是高校教学工作实践，都无法进行。但是不同形式的社会意识，其指向又各有侧重和区别。比如自然科学，它主要运用于指导改造自然的生产实践；政治法律思想，则主要运用来指导人们改造社会的实践活动；哲学主要指向人们的思想，直接影响的是人的思想观念。思政教育实践工作意识略有不同，它不是直接指向具体生产和社会管理领域的实践活动，而是指向高校育人实践活动，用于指导、组织、调整各类教学活动。

（3）思政教育实践教学工作是思政教育实践教学工作主体对客体的对象性活动，是教育工作者的能动性活动。因此，思政教育实践工作意识主要是教育工作者的意识，不是或主要不是大学生的意识。人只有作为一个教育工作者的角色进入现实的教学工作领域，才可能产生工作的冲动、形成相应的工作意识。对在教学活动中占大多数的大学生来说，也可能形成自己关于如何开展思政教育实践的观念或想法，但因置身思政教育实践工作决策之外，这种意识大多是模糊不清、片段零散的。所以说思政教育实践工作意识主要不是作为一般实践活动参与者的其他社会意识，而主要是思政教育实践工作中教育工作者所拥有的工作意识。

因此，可以把教育工作者在思政教育实践教学工作中直接形成，并反过来直接影响指导思政教育实践教学工作活动的工作心理、工作观念、工作理论、工作方法统称为思政教育实践工作意识。

2. 实践教学组织工作意识的特点

思政教育实践工作意识作为一种相对独立的社会意识形态，具有不同于别的社会意识的若干特点，具体如下：

（1）普遍性。社会意识的各类形式，都具有一定的普遍性。思政教育实践工作意识则普遍存在于选修课教学工作实践领域，也具有普遍性。从各类社会意识形态发生的时间序列看，哲学、宗教，道德、艺术、法律和科学，都是在文明社会中先后从社会意识总体中分化出来的。法律随着阶级的消灭和科学的进步，还将归于消亡。思想政治工作意识则随着思想政治工作的出现而产生，随它的发展而发展。从各种社会意识形态所反映的空间来看，哲学、道德、法律、思想政治工作意识普遍作用于社会生活的各个领域；艺术、法律则只对某一特殊实践活动起作用。科学是个总概念，不同的科学也只适用于特定的实践活动，这四者都不如思想政治工作意识普遍。所以说，思政教育实践工作意识在选修课教学工作领域具有普遍性。

（2）综合性。社会意识作为对社会存在的抽象把握和主观反映，都有一定的综合概括性，但各自的综合概括程度又有差别。其中，哲学是对各种知识的最高概括，具有最高的综合性。道德作为人们行为关系的总规范，对涉及人与人利益关系的方面做出规定，显然这只是从社会特定方面进行某种综合。政治法律也是人们的行为规范，所综合规定的方面比道德还严格。艺术是通过形象情感语言来传达表现作者的愿望，与概念综合离得较远，要说综合只是典型的塑造或人物性格的"综合"。各门科学对某一特定领域的特殊规律进行抽象反映，是一方面的综合。

思政教育实践工作意识则不然，它要对思政教育实践活动进行计划、组织和控制，就必须综合运用百科知识。思政教育实践工作需要综合运用尽可能多的各门知识，思政教育实践工作意识是各门知识的综合运用。在社会诸意识中，如果说哲学是对各门科学知识最高的综合概括，思政教育实践工作意识作为思政教育工作意识的表现形式之一，是对各门知识最广泛的综合吸收和综合运用。

（3）应用性。各种社会意识，既是对社会存在某一侧面的主观反映，表现为特定的知识体系，又反过来影响和指导人们的某类实践，具有不同程度的应用性。一般来说，综合概括性越高的意识形态，距离现实越远，其间的中介越多，应用性越弱。反之，综合概括性越低的意识形态，离现实越近，其中介越少，应用性越强。

思政教育实践工作意识作为一种特殊的社会意识，它既具有高度的综合性，又同时具有最直接的应用性。这是因为，思政教育实践工作意识是在教学实践中产生并直接服务于教学实践的意识形态，教学活动直接需要的不是远离现实的抽象理论，而是经过教育工作者加工过滤过的，可以直接进入教学工作过程的具体意识。思政教育实践工作一方面必须广泛吸收诸如哲学、科学、政治思想、道德以至艺术和宗教等意识形态；另一方面这些意识又不能直接适用于思政教育实践工作，而必须通过教育工作者的过滤加工、选择综合，转换成可以直接用于指导思政教育实践活动的工作意识（如组织目标、决策计划、指导规则等），从而使思政教育实践工作意识具有鲜明的应用性。可以说，思政教育实践工作意识是由抽象层面的社会意识走向具体层面的社会意识的思想通道，在这里，意识的抽象性和具体性得以对接。

（二）实践工作个体意识和群体意识

思政教育实践工作意识从横向结构考察，还可以区分为个体意识和群体意识。

1. 个体意识

所谓个体意识，是指组织中个体成员特别是教育工作者个人的心理、观念、理论和方法，它是在个人的教学工作实践中形成的个性意识。所谓群体教学工作意识则指组织整体特别是教学工作主体群所共有的心理特征、工作观念、团体精神和价值取向。一种观点认为，任何个性、主见都妨碍统一思想。在思政教育实践工作领域，这种观点是比较片面的，主要原因如下：

（1）割裂了个性和共性的关系，看不到个性意识的存在不仅是必然的，而且共性意识只有通过个体的理解才能发挥作用。

无论在哪类组织中，由于各人的经历、出身、地位、职责、利益、环境的差别，决定组织成员的心理状态、价值追求、知识水平、理想情趣是不尽相同，甚至截然对立的，思政教育实践工作既不可能也无必要消灭这些差别，集体意识也不是以消灭个体意识作为自身存在的前提。

实际上，任何集体意识的产生都离不开个体的理解。如果组织成员缺乏自觉的个体意识，这种组织的集体意识也不可能形成。同理，只有个性发展的群体才是思想活跃的组织。这种组织从表面看，人人都有自己的想法、个个都有棱有角，正是这样的群体，才可能产生自觉的集体观念，才可能深刻理解统一命令统一行动的意义，也才能上下同心去自觉地完成任务。所以，认为个体意识必然会阻碍集体意识的形成，认为只有消灭个性和个体意识才能统一组织成员的思想和行动，实际上是将组织看成同质要素的简单集合或机械拼凑，而不是将系统理解为异质要素的有机集合和辩证统一。

（2）颠倒了个体意识和工作共识的源流关系。个体意识在思政教育实践工作中的作用，不仅表现为工作共识必须通过教育工作者个人的理解才能起作用，还表现为个体意识是教学工作达成共识的基础和前提。任何组织的工作共识，包括大家认可的指挥组织原则、共同追求的组织目标、人人遵循的行为规范，都是在各种个体意识的比较、争论、碰撞之中逐渐形成的。

在开展思政教育实践教学工作中，只有通过有意地培育基层学生管理者和大学生的个体意识，鼓励大家为思政教育实践工作出谋划策，并允许不同意见展开争论、比较，然后才能求同存异，形成组织的共同观点。这样就可以培育师生同心、和衷共济的团体精神，增强组织的凝聚力和提高思政教育实践教学工作效率。所以，认为个体意识同教学点工作不相容是完全违背意识发生规律的。如果用这种观点去指导教学工作，很容易造成不尊重同事、不充分了解学生需求，以少数人的一己之见去对组织成员进行行政强制的现象。

（3）抹杀了个体意识的独特功能。在思政教育实践工作中，共识固然很重要，但个体意识同时又有不可取代的独特作用，主要表现为以下两方面：

首先，教学工作共识一般属于求同思维，个体意识则多表现为求异思维，善于发现新问题，具有敏锐性和批判性。在组织中，要形成共同的集体意识，往往需要一个长期的过程，这种共识一旦产生，它又具有相对的稳定性。思政教育实践工作之所以可能，组织成员之所以能有所依归，正是以某种相对稳定的共识为其依托。如果共识缺乏这种特性和功能，指导组织行为的思想瞬息万变，教学工作就很可能无程序可言。

其次，与群体意识不同，个体意识是一种个性思维，是一种以求异为主要特征的思维方式，它可以在人们的习惯中敏锐地发现新问题，对旧有的大家所认同的某些不足之处提出怀疑、做出批判。其中有的看法可能是错误的，但常常有一部分是正确的。人类意识的发展规律都是由异而同又由同而异，如果没有少数个人对多数人已有的习惯和共识提出怀疑与批判，就不可能有认识的进步。当用一种大家认可、形成习惯的教学方法进行教学工作时，教学工作虽然比较容易秩序井然、有章有法，但只能周而复始、代代重复，不可能有新的进展。只有允许少数人在工作总体思路指导下，大胆提出新的改进意见，才能使思政教育实践工作不断有新的手段，为当代大学生的成长服务。

思政教育实践工作要想发展，以适应现代社会的发展，离不开创造性思维。而创造性思维的主体主要不是组织集体而是组织个体，特别是参与思政教育实践工作的教育工作者个体。因此，创造性是个体意识的另一个显著特点。以思政教育实践工作决策为例，决策可划分为常规决策和非常规决策两类。其中常规决策相当于程序化决策，通常是集体意识的具体化和定型化。但是，单纯的常规决策不能应付变化的决策环境，必须辅之以非常规决策。而非常规决策是没有常规可援的随机决策，它必须通过决策当事人根据具体情况快速果敢地加以判断，这就不得不充分发挥个体意识的创造性，不得不更多地借助参与决策的个人的想象力、直觉判断以至灵感思维。如果任何一项决策都按常规办，以为只有通过集体认同的意见才有科学性，那么就无法应付非常规的环境变化，也不能激发个体的主动积极性。相反，只有平时注意培养教育工作者的创造性思维，从制度到风气给少数人以决策自由，才能使决策具有应变性，不至于在突发性问题出现时束手无策。

2. 群体意识

个体意识尽管有着上述各种积极作用，但它也有自己的许多局限。因此，仅仅依靠个体意识是无法进行教学工作的。要使教学工作得以进行并使之富有成效，就应当特别注重对教学工作中的群体意识的研究。

（1）群体意识具有目的的统一思想功能。所谓目的，是指意识对行为的指向性或行为内涵的趋向性。开展教学工作的第一个前提就是要使不同方向的个体目的统一为同一方向的组织目的。只有当组织成员放弃或修正自己的目的并达成对组织统一目的的共识，教学工作才能步步逼近目标。显然，依靠个体意识是无法完成这个任务的，只有群体意识才具有统一组织成员目的的功能。

（2）群体意识具有团体凝聚功能。组织成员调整自己的行为目标转而接受组织的共同目的，这就使团队获得彼此配合、协作行动的思想基础，从而使相关人员能够聚集在一起完成教学工作。但仅有共同的组织目的意识还不够，还应有与目的相关的其他组织意识，如共同的信念、相同的价值观念。因为，作为共同目的的意识虽然重要但毕竟还很抽象，而且目的性意识一般多停留在浅层而未及深入信念、价值的深层。为使组织的目的性观念牢不可破，还需要使团体内部充分理解其意义，形成坚强的信念和明晰的价值观念，自觉地和衷共济，增强彼此之间的亲和力和凝聚力。

（3）集体意识具有抗干扰功能。抗干扰功能主要是指防止组织环境对组织成员的各种情绪、心理上的干扰。组织既然存在于环境中，因组织之间的竞争或其他社会原因，外部世界对组织的各种干扰是不可避免的。在各种干扰下，组织成员可能会有情绪上的波动乃至信念上的动摇；要想完全避免干扰几乎是不可能的。排除、减轻干扰的手段有两种，包括：①硬性的行政措施，如批评、处罚受干扰的成员；②强化集体意识，不断培育团体精神，增强成员自觉的抗扰能力。这两种手段，前一种治标，后一种治本。只有当每一组织成员自觉树立起一种爱集体、愿同组织共患难的"团体精神"的时候，才能从根本上解决思政教育实践工作中出现的困难，让工作迈上新台阶。

（4）集体意识还有评价规范功能。组织成员作为活生生的个体，有着不同的个性和自主活动，但是思政教育实践工作是一种组织活动，需要协调组织成员的行为。要做到这一点，显然不能依靠个体意识而只能凭借集体意识。这就是说，不能按照各自价值观念而应当依据组织的共同价值观对组织成员的行为进行评价。在个人看来是正当可行的事如果对组织不利，就必须服从组织意见、严格按组织原则行事。虽然，有时组织的评价也可能不符合实际，个人的意见也可能是正确的，用组织的价值标准去评价并规范人们的行为并不能保证组织绝对正确。但是，如果不能以组织观念去评价并规范成员的行为，就会出现自以为是、各行其是的混乱局面，其结果无异于使教学工作陷入混乱。

总之，个体意识和群体共识作为教学工作意识的两方面，是互为条件、相互促进、共生共长的辩证关系：一方面，共识存在于个体意识中并通过个体而发挥作用，离开个体意识就谈不上真正的共识；另一方面，共识又制约着个体意识，个体意识也离不开共识。离开群体共识的制约，个体的意识就会失去作用。个体意识和群体共识的这种辩证统一关系要求教育工作者必须尊重每个组织成员的首创精神，启发他们的聪明才智，注意倾听同事和大学生的意见，并力戒思想僵化和个人专断。同时也提示组织成员要服从组织决议、遵守组织纪律、领会组织意图、发扬团体精神，警惕自以为是和各行其是，自觉地将个人的思想行为融入集体之中。只有这样，教学工作意识才能从积极的方面对思政教育实践教学工作发挥能动的指导作用。如果割裂了共识和个体意识的关系，偏执一端，就可能会给思政教育实践工作造成不应有的混乱。

（三）实践工作意识的表现形态

对思政教育实践工作意识做纵向即从其发生形态分类，可以划分为工作心理、工作观念、工作理论和工作方法四种相互联系又彼此区别的表现形态，具体如下：

1. 工作心理

在人类实践中最初形成的工作意识是工作心理，它大致包括需要、动机、意向、情绪、情感、意志、信仰、习惯等形式。

（1）需要心理。思政教育实践工作理想状态需要是由教育工作者的职业本能和职责引发的工作欲望，它同人的其他需要相类似，既具有强烈的内在冲动但又缺少明晰单一的目的指向。处在思政教育实践教学工作需要的心理阶段，教育工作者主要受到在教学工作实践中形成的潜化意识的支配，本能地生发出工作欲望。长期居于教育工作者地位、积累有大量工作实践经验的教育工作者，工作在不知不觉中已成为其潜化意识，成为一种职业的习惯或"本能"的需要。

（2）工作动机和工作意向。思政教育实践工作需要的定向化是工作动机和工作意向。当工作需要作为一种自发的职业内在冲动时，就会有意向不明、不断转移的心理活动。如果没有外部环境起作用，那么人将永远停留在这种躁动不安的环境中。事实上，教育工作者不可能将自己封闭起来，而是要受到外部环境各类信息的刺激干扰。一旦某一信息反复影响教育工作者而使他将注意力逐渐集中到解释这一信息的时候，这便出现"问题"或心理学上所说的"情结"。

"问题"是指现实和需要的差异，"情结"是指反映问题的矛盾心情，这时，为解决问题或解开情结，原有的变动不定的需要心理开始平静下来，交错出现的不明晰的目的指向逐渐转移到问题上，从而形成有明确指向的动机和变成为解决某问题的意向。

心理的动机和意向也具有不稳定性，与工作决策和计划中工作目的相比，决策计划是思政教育实践教学组织的理性化，是思政教育实践活动目的的原型。同时，动机和意向是意识形成的一个不可缺少的环节，没有它不可能产生出教学工作的其他意识。动机和意向引导教育工作者如何看问题，准备选择解决何种问题。如果在动机和意向上出了偏差，比如其所期望的目的根本不可能实现，教育工作者就会使教学工作走偏方向。

（3）情感和情绪心理。教育工作者作为人，还具有情感和情绪。情感是在人与人交往中形成的心理定式，它表现为对某些人的偏爱、信任、同情、感激以至于崇拜信仰。在依托思政教育实践活动开展大学生思政教育工作的实践活动中，无论是教育工作者或大学生，绝不可能没有情感；任何一次具体的思政教育实践活动，也不可能完全摒弃情感。虽然，教育工作者如果仅凭情感而不用理性来处理工作活动中的人和事，或者将私人情感带到公共事务中，这对工作不利。但是还应看到，情感对教学工作也有帮助。

在教育工作者之间，多一些情感就少一分摩擦，情感在这里是决策团队的凝聚力。在教育工作者和大学生之间，情感是沟通上下级之间的心理通道，是了解情况、激励大学生必不可少的"柔性工作手段"。凡是情感丰富且善于控制情感的教育工作者，不仅能团结工作团队中其他工作人员，形成一个关系融洽、无话不谈的有战斗力的工作集体，还能在学生中树立良好的形象，使他们乐于听从自己的意见和建议。相反，一个缺乏情感的教育工作者很容易成为一个孤芳自赏的人，其既不可能赢得同事的信任，更不会得到学生的理解和支持。可见，情感是教育工作者不可或缺的心理。事实上，思政教育实践工作不在有无情感，而在如何培养情感和正确投入情感。

同情感相比较，情绪是另一类心理活动。情感是一种外显的心理倾向，是指人们在长期交往中形成的亲和力；情绪则是一种内隐的心理定式，是由内外环境刺激产生的某种心境或心绪，主要表现为喜、怒、哀、乐。在思政教育实践工作中，不论是教育工作者还是大学生常常受环境的刺激，很自然地引起情绪的变化。所谓工作情绪，就是指这种心理态势。应当指出的是，情绪不同于情感，它对工作弊大于利，特别是对于教育工作者，千万不能为情绪所左右，更不能带着浓重的情绪来工作。

情绪作为一种心理活动，是一种受环境左右的变动不定的无意识现象，它与理性不相容。尽管喜怒哀乐可能激起一时的激情，在工作中发挥出冷静时无法发挥的积极作用，但因它缺乏理智的支配而不可能持久且具有很强的随意性，任其发展不加控制就容易导致工作失败。作为一个教育工作者，应当尽量避免将个人情绪卷入工作，要做到这一层很不容易，它需要在教学工作实践中经历长期的修养磨炼，掌握并熟练运用心理自我调节方法。

（4）意志、信仰和习惯心理。属于思政教育实践工作心理的还有意志、信仰和习惯。所谓意志，是指向明确行为目的的心理机制。所谓信仰，是对某人某事或某种最高存在的绝对信任和无条件服从。所谓习惯，本来指人们思想行为的常规或定式，这里专指思维定式或习惯思维。

思政教育实践工作作为一种组织目的性活动，决定参与教学工作的人必然形成实现工作目的的意志。意志主要有三个特点：①明确的目的性；②判断是非的果敢性；③迎战挫败的坚韧性。在思政教育实践教学工作中，教育工作者意志的积极作用是非常明显的。这是因为，教学工作是一个步步逼近目标又常常遭受挫折的风险过程，为使教学工作能按预定目标继续下去而不致中断，教育工作者必须具有坚强的意志，如果意志薄弱，在挫折面前就可能观望退让、对事业丧失信心。只有具备坚强的意志，认准了的目标决不改变，才有希望达到胜利的彼岸。当然，由于意志是一种缺乏理性自觉的心理机制，单凭意志并不能保证目的的正确。如果意志很坚定而拒绝理性参与，那么就很可能出现当实践证明目的不对决策者还会顽固地坚持下去的现象。因此，意志在教学工作中虽很重要，但必须使之理性化。教学工作仅靠个人的坚强意志而不注意根据情况随时加以调整，那么顽强就会变为顽固、果断将会变成武断。

习惯是在多次实践基础上形成的行为定式和思维惯性，它以固定的经验为根据。当人们主要凭借经验而不是凭借理性来行动的时候，这就停留在习惯的心理水平上。所以，经验和习惯是难以区分的。教育工作者通过多次教学工作实践，不知不觉中就会形成一套自己的工作经验或工作习惯，其中所包含的难以用语言表达但又实际发生作用的意识形态则为习惯心理。

习惯心理在教学工作中的出现既具有必然性又具有诸多积极作用：首先，它作为一种感性经验，与工作实践最接近，反映工作实践的问题最快捷。思政教育实践教学工作中许多常规问题主要是通过教育工作者的经验习惯及时加以处理的。如果教育工作者缺乏经验而未形成惯性思维，就不可能对思政教育实践工作中纷至沓来的问题做出快速反应，必然事事请示或拖而不决。其次，习惯是理性的基础，教学工作经验则是教学工作理论的前提。一切理论的产生，都不能脱离对工作经验的总结。教育工作者的工作经验越丰富，对其学习接受教学工作所需的理论就越有利。所以，经验习惯对于教育工作者是十分必要的财富，特别是对于基层教育工作者。

2. 工作观念

各类工作中的心理积淀就是工作观念，这里所说的观念是指在感性经验基础上形成的、融入了若干理性因素的固定看法或根本观点。观念即是表象，是指反映实践并为指导实践所创造的体现目的计划的社会意识形态。工作观念作为工作意识的一种，是介于工作心理和理论之间的一系列关于工作的根本观点，主要包括价值观、决策观、人性观、组织观（团体意识）、教学工作效益观等。同各类工作心理相比较，工作观念不表现为纯感性而有一定的理性渗入，包含着对事物的深层理解，不是对客观对象的直接反映而是间接反映，表现为对过去的反思和对将来的向往，不是由刺激而引起的间发的、不稳定的心理活动，而是对根本问题的持久稳定的心态或倾向。因此，思政教育实践工作观念在教学活动中的地位特别突出，它潜在于教育工作者和大学生的意识深层，从根本上左右或影响着他们的行为。

3. 工作理论

依托思政教育实践活动开展大学生思政教育工作意识的第三类形态是教学工作理论，这是意识的理性表现。与工作心理诸形式和工作观念比较，教学工作理论具有如下特点：

（1）思政教育实践教学组织形成的教学体系反映的不再是大学生思政教育工作的表象而是它的本质和规律，具有本质的深刻性。

（2）大学生思政教育工作理论不像心理那样多变易逝，具有相对的稳定性和持久性。

（3）与教学工作相关的理论是对教学工作实践的抽象概括，具有抽象性和普遍性。

可见，教学工作理论是更高级的意识，教育工作者如果仅凭工作心理或工作观念去指导思政教育实践活动，终身勤劳也不过是一个经验主义者，不可能达到高度的自觉而做出新的贡献。只有学习科学的教育工作理论，自觉地以有关的理论来武装自己的头脑、指导自己的教学工作行为，才有可能成为一名合格的现代教育工作者。

教学工作理论也有它的局限性，这主要表现为任何教学工作理论只能是对教学工作实践一方面的本质或事物某一本质层次的抽象，它只能近似正确地反映对象。另外，由于教学工作理论是以纯概念的逻辑方式来反映教学工作实践的，二者之间横亘着层层中介，要运用它来指导教学工作实践，还必须将其转化为教学工作方法。

4. 工作方法

思政教育实践工作方法，是教学工作意识的具体化、程序化，特别是应用教学工作理论的方式或模式。而按照方法的特性来区别，又可以划分为数学方法、系统方法、经济方法、法律方法、行政方法、伦理方法、心理方法等。

综上所述，教学工作意识按其发生发展的时间做阶段划分，可以区别为最初的心理、观念和理论，最后是方法。只有全面系统考察教学工作意识的发生发展规律，才能为大学生教学工作提供认识论的理论依据。

参考文献

[1] 陈琪，孙林叶. 家风教育何以融入高校思政教育 [J]. 中学政治教学参考，2023 (7)：68-70.

[2] 陈小琴. 新媒体环境下的高校思政教育方法创新研究 [J]. 教育教学论坛，2019 (50)：153-154.

[3] 程艳. 网络思政视域下高校辅导员思想政治教育话语权的建构 [J]. 河北软件职业技术学院学报，2021，23 (3)：33-35.

[4] 杜辉. 中华优秀传统文化传承创新的四个维度 [J]. 中学政治教学参考，2023 (16)：76-81.

[5] 樊宪雷. 中华优秀传统文化的现代化路径 [J]. 国家现代化建设研究，2023，2 (2)：47-58.

[6] 傅轩，吕凌. 中华优秀传统文化与青年教育遐思 [J]. 中学政治教学参考，2023 (15)：29-31.

[7] 高琴琴. 新媒体时代高校思政教育方法优化的研究 [J]. 江西电力职业技术学院学报，2022，35 (12)：126-128.

[8] 巩立超. 中华优秀传统文化网络传播的优化策略研究 [J]. 新闻研究导刊，2023，14 (5)：35-37.

[9] 官小波. 浅谈中华优秀传统文化与思政 [J]. 南北桥，2023 (4)：163-165.

[10] 何锡辉. 历史自信融入高校思政课教学探析 [J]. 思想政治课研究，2023 (2)：145-152.

[11] 洪慧贞. 高校思政教育之我见 [J]. 科技经济市场，2010 (1)：90-92.

[12] 胡小燕. 从供给侧视角探讨高校思政教育的优化 [J]. 才智，2023 (8)：89-92.

[13] 黄家慧，廉旭. 推进高校思政课程与课程思政协同育人的实践路径 [J]. 当代工人，2023 (3)：50-53.

[14] 吉海霞. 试论高校思政教育融合人文关怀的措施 [J]. 教育教学论坛，2017 (42)：30-31.

[15] 姜海霞，顾钰恒. 基于大学生需要心理的高校网络思政教育话语体系探索 ［J］. 新教育时代电子杂志（学生版），2022（15）：106-108.

[16] 蒋业华. 大数据时代高校思政教育方法创新研究 ［J］. 黑龙江教育学院学报，2017，36（6）：92-94.

[17] 亢必胜，郭朋朋，宋佳宝. 浅谈高校思政教育 ［J］. 科教导刊-电子版（中旬），2017（10）：61.

[18] 李贺，刘姬冰，魏雅冬，等. 地方应用型高校企业课程教学中课程思政教学理念与策略研究 ［J］. 绥化学院学报，2022，42（6）：134-136.

[19] 李瑞欣. 高校思政教育共享平台的构建研究 ［J］. 山西电子技术，2023（1）：102-104.

[20] 李文珍. 高校思政课教学督导评教体系构建 ［J］. 西部素质教育，2023，9（1）：45-48.

[21] 李霞. 高校思政课教学方法探析 ［J］. 德州学院学报，2023，39（2）：106-110.

[22] 李颖. 多元文化与高校思政教育改革分析 ［J］. 黑龙江教师发展学院学报，2023，42（1）：16-18.

[23] 连思敏. 弘扬中华优秀传统文化坚定文化自信 ［J］. 水文化，2023（3）：35-37.

[24] 刘慧玲. 高校课程思政的育人价值及其实践路径研究 ［J］. 模型世界，2022（6）：208-210.

[25] 刘静，倪娜. "互联网+"背景下高校网络思政教育话语权构建 ［J］. 齐齐哈尔大学学报（哲学社会科学版），2021（6）：170-172.

[26] 刘蔓. 大思政背景下高校思政教育实践育人模式 ［J］. 黑龙江教师发展学院学报，2023，42（3）：18-20.

[27] 陆冠臣. 心理育人促进高校思政教育的实践研究 ［J］. 才智，2023（22）：105-108.

[28] 罗雅倩，崔雅倩. 文化自信视角下中华优秀传统文化的继承与弘扬 ［J］. 公关世界，2023（1）：45-47.

[29] 潘虹. 高校辅导员如何拥有网络思政教育话语权 ［J］. 文教资料，2021（4）：88-89.

[30] 唐祥云. 基于新媒体背景下的高校思政教育方法改革路径 ［J］. 湖北开放职业学院学报，2021，34（20）：80-81.

[31] 田银磊. 中华优秀传统文化课程的思政元素探析 ［J］. 济源职业技术学院学报，2023，22（1）：27-31.

［32］ 王彬彬. 中华优秀传统文化及其价值探析 ［J］. 大连干部学刊，2023，39（1）：53-57.

［33］ 王仕印，孙瑶. "以生为本"的高校思政教育方法创新探析 ［J］. 科教导刊，2019（31）：92-93.

［34］ 王维佳. 基于文化育人的高校课程思政实践研究 ［J］. 科教导刊，2022（9）：34-36.

［35］ 吴旻. 高校网络思政教育话语权提升路径研究 ［J］. 时代报告，2022（19）：113-115.

［36］ 徐晓霞. 浅析网络时代下如何提升高校思政教育的话语权 ［J］. 魅力中国，2020（33）：113.

［37］ 闫继华. 高校思政课教学改革探究 ［J］. 科教导刊，2022（19）：123-125.

［38］ 杨栋. 网络舆论环境下高校思政教育话语权存在的问题与对策 ［J］. 船舶职业教育，2019，7（4）：56-58.

［39］ 杨生利. 深度学习与高校思政课教学研究 ［J］. 科教导刊，2023（6）：129-131.

［40］ 杨婷. 以红色文化为引领，做好高校思政教育 ［J］. 教育艺术，2023（4）：8-9.

［41］ 张思璇. 现代化视域下高校思政课程改革与创新研究 ［J］. 中外交流，2021，28（12）：698-699.

［42］ 张亚林，郭宁月，薛文铮，等. "三位一体"育人模式下的高校思政教育方法创新 ［J］. 文教资料，2021（2）：114-115.

［43］ 章琼. 融媒体环境下高校思政教育方法创新探究 ［J］. 延边教育学院学报，2020，34（5）：49-51.